KÖNIGS FURT

Über dieses Buch

Tarot wie noch nie: Etwa 1000 Tarot-Sorten gibt es auf der Welt. Bei aller Vielfalt bestehen auch Bedeutungen, die für fast alle Tarot-Arten gleich sind. Diese Inhalte filtern die Autoren für jede der 78 Karten heraus. Zusätzlich werden die 45 beliebtesten Tarot-Spiele abgebildet und beschrieben.
»Mit diesem Deutungs- und Erlebnisbuch beschreiten die Bestseller-Autoren Bürger/Fiebig wieder neue Wege. Man hat beim Lesen förmlich das Gefühl, anzukommen und Altvertrautes wiederzufinden, obwohl das so oder vergleichbar noch nie formuliert wurde. Evelin Bürger und Johannes Fiebig haben bereits Tarot-Geschichte geschrieben. Hier gehen sie jedoch weiter als je zuvor« (Susanne Peymann, Berlin).

Über die Autoren

Evelin Bürger und Johannes Fiebig, geb. 3.5.1952 in Kiel und 30.3.1953 in Köln, zählen seit Anfang der 1980er Jahre zu den populärsten deutschsprachigen Tarot-Deutern. Ihre Schriften wurden in viele Sprachen übersetzt. Mit mehr als einer Million verkaufter Tarot-Bücher sind sie die meistgelesenen Tarot-Autoren. Sie leben mit ihren beiden Kindern in Klein Königsförde bei Kiel.

Evelin Bürger / Johannes Fiebig

Das Sonne-Mond-Tarot

Deutungs- und Erlebnisbuch
für alle Tarot-Sorten

Königsfurt

Kostenloser Neuheitendienst

Der Königsfurt Verlag bietet seinen Tarot-Leser(inne)n einen besonderen Service: kostenlose Up-dates für alle Tarot-Bücher.
Für jedes Königsfurt-Tarot-Buch können Sie sich die Änderungen und Ergänzungen, die in der aktuellen Nachauflage des Titels enthalten sind, zuschicken lassen oder im Internet abrufen.
Im Internet: http//www.koenigsfurt.com.
Per Post: Frankierten C5-Rückumschlag mit Angabe der gewünschten Ergänzungen (bitte nennen Sie den oder die Buchtitel und die jeweilige Auflage, die Ihnen vorliegt) senden an

Königsfurt Verlag
Leserservice
D-24796 Krummwisch.

So sind Sie stets auf dem neuesten Stand der Tarot-Deutung.
»Neu bei Königsfurt: Bücher so oft ›nachfüllen‹, wie Sie wünschen«
(kfp-Pressedienst).

Originalausgabe
Königsförde 1999

Königsfurt 6
Klein Königsförde
am Nord-Ostsee-Kanal

Postanschrift:
Königsfurt Verlag
D-24796 Krummwisch

Umschlag: Peter Krafft, Bad Krozingen

Bildquellennachweis auf S. 156/7
Lektorat: Susanne Peymann, Berlin
Satz & Layout: Stefan Hose, Eckernförde; Jörn Lund, Kiel
Herstellung: Clausen & Bosse, Leck

Printed in Germany
auf chlorfrei gebleichtem Papier

Auflage	5.	4.	3.	2.	1.
Jahr	2003	2002	2001	2000	1999

(maßgeblich ist die jeweilige rechte Zahl)

ISBN 3-927808-77-6

Inhalt

Die einzelnen Karten im Überblick

Vielfalt und Einheit

Die Welt des Tarot

Das Tarot lebt von der kunstvollen Weiterentwicklung seiner Bildmotive. Was wäre das Tarot-Kartenlegen ohne die Bilder von Waite/Smith und von Crowley/Harris? Beide Urheberpaare sahen sich in der Tradition der esoterischen Tarot-Deutung. Aber sie schufen überaus wirkungsvolle Bilder, die es in der Tarot-Welt zuvor nie gegeben hatte.

Bei der Karte STERN zum Beispiel verstehen es das Waite- und das Crowley-Tarot die Schönheit eines kosmischen Bewußtseins und zugleich die Gefahren des Narzißmus originell und treffend darzustellen. Bei der Waite-Version des STERN ist u. a. der Fuß der Bildfigur besonders bemerkenswert, der *auf* dem Wasser steht: Die Tragfähigkeit der Seele, aber auch deren Unzugänglichkeit werden gezeigt. Die Crowley-Version überrascht unterdessen durch die Darstellung des »Far out«-Zustandes und führt ein Leben »weit draußen« in völliger Freiheit oder kompletter Entfremdung vor.

Den TOD mit einer *Erntekrone* auszustatten, ist eine weitere der gelungenen Bildideen von Arthur E. Waite und Pamela C. Smith. Aber auch das Motiv der *Ewigkeit* in Gestalt eines Stroms von Seelen im Bild des TOD von Aleister Crowley und Lady Frieda Harris ist unkonventionell und vielsagend gewählt.

Gutgelungene Bildideen, von denen es im Waite- und im Crowley-Tarot förmlich wimmelt, besitzen zwei besondere Eigenschaften: Sie erreichen *viele* Menschen. Und sie *bewegen* die Menschen innerlich. Wer zum Beispiel den TOD als Schnitter, der nicht (zer-)stören, sondern ernten möchte, oder als die andere Seite der Ewigkeit im Bild *gesehen* hat, ist innerlich bewegt, zunächst betroffen, später beflügelt und erleichtert.

Tarot ist Bild- und Symbolsprache und nichts anderes. Wenn die Bilder leben, einen *lebhaften Spiegel* darstellen, dann strahlen sie eine Faszination aus, die schon bei bloßer Betrachtung, auch ohne die Spannung einer Auslage, wirkt.

Seine große Popularität hat dem Tarot in den letzten Jahren und Jahrzehnten eine Vielzahl neuer Bilder und Motive beschert. Weltweit existieren inzwischen rund 1000 verschiedene Tarot-Sorten. In dieser Zahl sind alle historischen wie heutigen Tarot-Decks enthalten. Rund die Hälfte aller bekannten Spiele sind Varianten des Tarot de Marseille. Etwa 400 Sorten insgesamt sind zur Zeit im Handel erhältlich.

Nicht jede der neuentwickelten Tarot-Sorten will oder muß jeden überzeugen. Nicht jedes Tarot-Deck verfügt über die Tiefe und die Klarheit der Favoriten Waite und Crowley. Jedoch bieten viele Tarot-Spiele bedeutungsvolle Bilder und Symbole, die absolut hilfreich sind.

Im Haindl-Tarot finden wir beispielsweise im Bild der Karte XX-DAS AEON (GERICHT) ein Embryo in seiner Fruchtblase (s. Abbildung auf S. 12). Eine glückliche Motivwahl, die von der Bedeutung her ganz im Rahmen der Überlieferung bleibt, vom Bild her aber viele neue Eindrücke vermittelt: Wenn es eine Station des Neuanfangs und der Wiedergeburt gibt, dann ist es die Karte XX. Vielen Menschen in der westlichen Welt erscheint heute »Wiedergeburt« (Reinkarnation) als eine verheißungsvolle Lösung. In der östlichen Philosophie, aus der der Reinkarnations-Gedanke stammt, erscheint die Wiedergeburt eher als ein *Fluch*, und erst das Ende des Kreislaufs von Wiedergeburten verheißt Glück und Frieden.

Tägliche Wiedergeburt bedeutet schlimmstenfalls tägliche *Wiederholung*. Das Bild stellt dann einen Neubeginn dar, der nur mit Schwierigkeiten gelingt oder vielleicht sogar zum Erliegen kommt. Oder das Bild ist als Zeichen einer *permanenten Schwangerschaft* zu verstehen. Die neuen Möglichkeiten werden gehütet und gebrütet, aber sie bleiben nur Möglichkeiten. Wesentliche Wünsche und Ängste müssen durchgespielt und durchgearbeitet werden, bis der Keller der Vergangenheit und das Firmament der Zukunft geklärt und gereinigt sind. Erst dann bedeutet Wiedergeburt die Verwirklichung einer neuen Lebensqualität, eine Transformation der alten.

Ein weiteres Beispiel, aus dem Margarete Petersen-Tarot (Abbildung auf S. 12). Die Karte DER NARR zeigt eine Bildfigur, die über Felsen und Klippen wandert, wobei der Boden unter ihren Füßen zusätzlich wie ein großes Tuch oder ein tragender Teppich anzusehen ist. Die gesamte Szene mit dieser Bildfigur befindet sich in einem Kreis oder einer Kugel, inmitten von Wolken, die auch Wellen sein können (und umgekehrt). Die Chance der Geborgenheit und die Gefahr der Verlorenheit in der Welt (speziell in der Welt der *Spiritualität*, wegen der Wellen und Wolken) wird deutlich.

Das entspricht vom Inhalt her den Standards dieser Karte. Aber so, wie im vorliegenden Bild, hat man den *Narren* sonst noch nicht gesehen. Die Karte ist schön und erhebend anzuschauen. Aber sie bietet noch mehr, macht neue Einsichten möglich. Zum Beispiel darin, wie sehr DER NARR (generell, in jeder Darstellung) sich vom ganzen »Rest der Welt« abzugrenzen versteht; daß man also die Kräfte des *Narren* braucht, um die eigene Immunität zu stärken; daß aber die hermetische Absonderung einen Sonderling, einen *Narren* im negativen Sinne produzieren kann.

Wenn man mag, lassen sich die Motive der beiden zuletzt besprochenen Karten auch in Verbindung setzen. DER NARR in seiner Kugel (Luftblase? Seifenblase? Taucherglocke? Energiefeld?) kann die Voraussetzung oder die Fortsetzung des Embryos in seiner Fruchtblase sein. Da sind verschiedene Querverbindungen denkbar. Wenn etwa die Transformation beim AEON / GERICHT *nicht* zustande kommt, kann DER NARR das Bild eines Menschen abgeben, der noch auf die Chance wartet, *sein* Leben zu leben.

DIE HOHEPRIESTERIN aus dem Dalí-Tarot (Abbildung auf S. 12) trägt einen Umhang und eine Kopfbedeckung, die an die Ordenstracht einer Nonne oder an bekannte Marien-Darstellungen denken lassen. Zugleich trägt die Bildfigur ein offenbar paillettenbesticktes schwarz-blaues Abendkleid, das ihr eine mondäne und zugleich katzenhafte Note verleiht. Dieser Eindruck wird noch durch die große Katzenfigur im Bild links unterstrichen.

DIE HOHEPRIESTERIN aus dem Dalí-Tarot. DER NARR aus dem Margarete Petersen-Tarot. DAS AEON aus dem Haindl-Tarot. DER STERN aus dem Crowley-Tarot.

Hier steht DIE HOHEPRIESTERIN u. a. für Andacht und für Jagdinstinkte, für Frömmigkeit und für Frivolität. Das ist an sich nichts Ungewöhnliches; auch die weiße und die schwarze Säule, die in vielen anderen Darstellungen dieser Karte enthalten sind, bedeuten das gleiche: Die schwarze Säule symbolisiert u. a. die *Anima*, die verführerisch, lüstern oder lustvoll in Erscheinung treten kann; die weiße Säule repräsentiert u. a. den *Animus,* der möglicherweise als feuriger Held oder als frommer Geist auftritt. Diese Themen gehören immer zum Bedeutungsspektrum der HOHEPRIESTERIN. Aber das Dalí-Tarot macht sie durch seine geschickte Bildkomposition besonders leicht erkennbar.

Wir brauchen diese vielfältigen Tarot-Bilder – zusätzlich und in Verbindung zu den Tarot-Klassikern –, weil so die Bedeutungen der Karten einfach klarer werden.

Außerdem vermittelt ein Bild Gefühle und Eindrücke, die sich nur teilweise in Worten wiedergeben lassen. Es wäre auf Dauer einseitig, wenn wir Tarot-Karten allein durch Worte interpretierten. Tarot lehrt uns, in Bildern zu denken, und das heißt auch, Bilder als Bilder wahrzunehmen und u. a. vorhandenen Bildern neue Bilder hinzuzufügen.

Wie *Sonne und Mond*, so unterscheiden und ergänzen sich Tagesbewußtsein und seelische, innere Stimme. Die Sprache der Seele hat oft keine Worte, sondern Bilder; sie findet Namen, doch später erst Begriffe; sie entwickelt eine eigene Meinung, aber scheut ein allgemeines Urteil.

Wir profitieren davon, wenn wir *beide* Stimmen (Mond und Sonne) zu schätzen und anzuwenden wissen.

Mehr erleben mit Tarot

Legemuster und Praxistips

Wenn Du Tarot-Karten noch nicht kennst oder ein neues Deck (einen neuen Satz Karten) zum ersten Mal in die Hand nimmst, blättere diese zunächst durch. Schau, welches Deine **Lieblingskarte** ist. Welche Karte gefällt Dir am besten?

Das ist interessant – Du lernst nebenbei die betreffenden Karten näher kennen – und außerdem hat diese Übung einen bestimmten Effekt: Die persönlichen Wünsche und Ängste stellen den roten Faden bei der Beschäftigung mit Tarot (und auch mit anderen Symbolsprachen, anderen Techniken der Selbsterfahrung und des persönlichen Wachstums) dar. Den persönlichen Wünschen zu ihrem Recht zu verhelfen und unbegründete Ängste abzubauen, ist der springende Punkt.

Solange Du auf diesem Weg weiterkommst, hat sich Deine Beschäftigung mit Tarot, oder jeder anderen Disziplin, für Dich immer gelohnt! Umgekehrt gilt: Auch das größte Wissen, auch die längste Erfahrung im Tarot-Kartenlegen oder einer verwandten Kunst bleibt für Dich wertlos, falls Du in der Aufhebung Deiner Wünsche und Ängste nicht vorankommst.

Und schon in der »kleinen« Übung, sich eine Lieblingskarte auszusuchen, liegt eine Kernfrage: Welcher Wunsch ist am stärksten? Wo ist der aktuelle Brennpunkt? Wo bist Du und wohin gehst Du jetzt?!

Für Fortgeschrittene läßt sich diese Frage durch eine Gegenfrage ergänzen: Welches ist im Moment die persönliche Streßkarte?

Die Tageskarte: Diese Übung gilt als eine der schönsten und wichtigsten Übungen, die zugleich typisch für das heutige, neuartige Tarot-Kartenlegen ist.

Die Tageskarte wird morgens oder abends gezogen, in der Regel ohne eine bestimmte Fragestellung. Sie macht eine Station des Tarot zum Tagesthema, hebt ein Motiv für den jeweiligen Tagesablauf besonders hervor. Wenn es Dir möglich ist, plaziere die Tageskarte so, daß Du im Laufe des Tages öfters einmal darauf schaust.

Wie in vielen Aspekten, so bietet das Tarot-Kartenlegen auch bei der Tageskarte eine Parallele zur modernen Traumdeutung: Dort geht es ebenfalls weniger um eine nur gelegentliche Deutung von Einzelträumen; von größerem Interesse ist die Beschäftigung mit Traumserien. Die Tageskarte erlaubt die kontinuierliche Beschäftigung mit den betreffenden Themen. Jeden Tag wenige Minuten reichen aus – und nützen im übrigen noch mehr als nur gelegentliche Großauslagen.

Bei **größeren Auslagen** kannst Du so vorgehen: Überlege Dir die Frage, die Du an die Tarot-Karten richten willst. Für die Art der Frage gibt es keine zwingenden Regeln oder Gebote.

Wichtig ist zu wissen: Die Karten wirken wie ein Spiegel. Du kannst Fragen über zweite oder dritte Personen stellen. Doch denke daran: *Man kann nicht für andere in den Spiegel schauen.* Es sind immer (auch) Deine persönlichen Ansichten und Einsichten, die Dir hier begegnen.

Mische die Karten, wie Du es gewohnt bist. Alle verpflichtenden Vorschriften (Kartenziehen mit links; Mischen durch Rühren auf dem Tisch; Auffächerung der Karten im Halbkreis oder im Kreis usw.) sind überholt. Nichts gegen ein persönliches Ritual. Aber in diesen Fragen gibt es keine allgemeinen Vorschriften. »Wir dürfen nicht vergessen«, bemerkte Rachel Pollack ganz treffend, »daß die eigentliche Magie in den Bildern selbst liegt und nicht in den Erklärungen« – und auch nicht in den äußeren Formen des Kartenlegens.

Der oder die eine braucht Kerze und Räucherstäbchen, um in der richtigen Stimmung die Karten zu betrachten. Der oder die andere ist genauso gut bedient, wenn er oder sie sich morgens beim Frühstück oder im Bus oder im Auto auf dem Weg zur Arbeit die Tageskarte zieht.

Für das selbständige Tarot-Kartenlegen ist es üblich und typisch, daß der Frager oder die Fragerin die Karten selber mischt, selber auslegt, selber beschreibt und deutet. *Wer die Frage stellt, sollte die Karten auch selber bewegen und bei der Deutung das erste und das letzte Wort haben.* Andere bei einer Auslage anwesende Personen sind zum Gespräch und zur Begleitung dabei – zur Unterstützung und, wenn es sein muß, auch einmal zur Kritik.

Lege nach einem Legemuster aus, das Du zuvor ausgewählt hast. Du kannst dazu Legemuster aus diesem oder einem anderen Buch benutzen, aber auch eigene entwerfen (vor einer Kartenbefragung).

Ziehe die Karten, wie Du es gewohnt bist. Lege sie verdeckt (mit dem Bild nach unten) in Form des Legemusters vor Dich hin.

Die Karten werden dann (im Normalfall) *einzeln* aufgedeckt. Erst wenn die Betrachtung und Interpretation einer Karte beendet ist, soll die nächste aufgedeckt werden.

Alles, was während einer Kartenbefragung *geschieht*, kann zum Inhalt der gesuchten Antwort gehören.

Alle Karten einer Auslage *zusammen* ergeben die Antwort auf Deine Frage.

Alle Fragen, die Dir wichtig erscheinen, die Du zum Beispiel in Dein Tagebuch schreiben würdest, kannst Du mittels der Tarot-Karten klären. Halte Dich an das, was Dir auf dem Herzen liegt und was Dich bewegt.

Aus der traditionellen Wahrsagerei stammt die Regel, man dürfe nicht für sich oder für nahe Angehörige die Karten legen. Diese Vorschrift ist beim selbständigen Tarot-Gebrauch natürlich hinfällig. Denn für uns selber tun wir es ja gerade, und für andere – gleich, ob nahe Angehörige oder weitläufige Bekannte – könnten wir es gar nicht. Diesen können wir »nur« zeigen und erklären, wie sie es selber machen können.

Dann liest man des öfteren, es dürften keine Ja- und Nein-Fragen an das Tarot gerichtet werden. Doch warum nicht? Wenn Dir eine

Ja- oder Nein-Frage am Herzen liegt, dann ist es vollkommen in Ordnung, diese Frage an die Karten zu stellen. Denn gerade für das, was innerlich von aktueller Bedeutung ist, sind die Tarot-Karten ja gut. Der Ausgang der Befragung ist vorab offen – das gilt für jede Frage und auch für Ja- oder Nein-Fragen.

Die Karten wirken wie ein Spiegel, und daher soll der oder die Fragesteller/in, wie erwähnt, die Karten selber ziehen und deuten. Wenn Du nun mit mehreren Personen ein Tarot legst, so kann der oder die Fragende die eigene Frage den anderen mitteilen oder auch für sich behalten. Beides hat einen Vorteil: Ist die Frage bekannt, so kann man sich bei der Deutung der Bilder auf die Frage beziehen. Bleibt die Frage anonym, so bringt dies den Vorteil mit sich – besonders bei Leuten, die sich ohnehin schon gut kennen –, daß man, statt eines bloßen Meinungsaustausches, stärker dazu angehalten wird, die Bilder und Symbole zu untersuchen.

Die Antwort auf Deine gestellte Frage gibt jedesmal die Auslage insgesamt, nicht eine einzelne Karte aus dieser Auslage, selbst wenn diese Einzelkarte vielleicht für das »Ergebnis« oder das »Resümee« stehen sollte. Entscheidend ist die Gesamtauslage.

In der Schlußbetrachtung kann man für jede Auslage auch die *Quersumme* der ausgelegten Karten berechnen. Dabei werden die Ziffern aller aufgedeckten Karten addiert (Hofkarten, wie Königin, Ritter usw., und »Der Narr« zählen 0, und Asse zählen 1). Mit der errechneten Quersumme verfährst so, wie es für die Persönlichkeitskarte auf S. 34 beschrieben wird. Die Große Karte, deren Ziffer der errechneten Quersumme entspricht, ist die Quersummenkarte oder »*Quintessenz*«.

Die Bedeutung der Quersummenkarte: Die Auslage selber ist und bleibt vollständig; durch die Quersummenkarte kommt nichts Neues hinzu. Die Quersummenkarte stellt eine mögliche Zusammenfassung der Auslage dar, wie eine Überschrift, manchmal eine Kontrollkarte, wie zur Gegenprobe, ob man bei der Deutung nichts Wichtiges übersehen hat.

Übrigens ist die schematische Gegenüberstellung von **aufrechter und umgekehrter Lage** der Karten seit längerem überflüssig geworden. Im Unterschied zur Wahrsagerei und zur älteren Esoterik gehen wir heute davon aus, daß jede Karte positive und negative Deutungen besitzt. Mehr noch: Bevor die Bedeutungen einer Karte festgestellt werden, bietet jedes Bild und jedes Symbol ein ganzes Spektrum unterschiedlicher Wahrnehmungs- und Auffassungsmöglichkeiten.

Von einigen Sonderfällen abgesehen, empfiehlt es sich, die Karte so zu wenden oder den eigenen Betrachterstandpunkt so zu wählen, daß Du das Bild aufrecht siehst, gleichgültig, in welcher Lage es beim Aufdecken erscheint.

»Tageskarte«

Sich regelmäßig eine Tageskarte zu ziehen, ist die wichtigste und zugleich schönste Übung mit dem Tarot. Die Tageskarte wird morgens oder abends gezogen, in der Regel ohne eine *bestimmte* Fragestellung. Sie soll eine Station des Tarot zum Tagesthema machen, ein Motiv für den jeweiligen Tagesablauf besonders hervorheben.

»Tageskarten-Variante«

Die Karten werden gemischt. Die oberste aller Karten wird aufgedeckt: das ist die Tageskarte. Die unterste der Karten wird aufgedeckt: das ist der Hintergrund oder die Basis für die Tageskarte.

»Tageslosung«

Es werden zwei Karten gezogen und aufgedeckt. Eine wird weggelegt; die andere ist die Tageskarte

»Tagesaufgaben«

1 – Tageskarte
2 – Besondere Aufgabe für heute
3 – Besondere Chance für heute

»Die Geschichte meiner Tageskarte«

Ziehe eine Tageskarte. Nimm Dir zwei Minuten Zeit, und notiere alles, was Dir zur Tageskarte einfällt – ohne Bewertung und ohne fertige Deutung.

Es kommt bei dieser Übung auf die spontanen Assoziationen an. Schreibe Deine Empfindungen und Gedanken direkt auf. Die Zeit von zwei Minuten sollte für diese Übung nicht überschritten werden.

Sodann nimm Dir zu einem späteren Zeitpunkt desselben Tages noch einmal die Karte und Deine Notizen vor.

Betrachte die Karte und Deine Eindrücke dazu ein weiteres Mal, und lege jetzt eine oder zwei praktische Konsequenz(en) zu Deiner Tageskarte fest.

»Entscheidung«

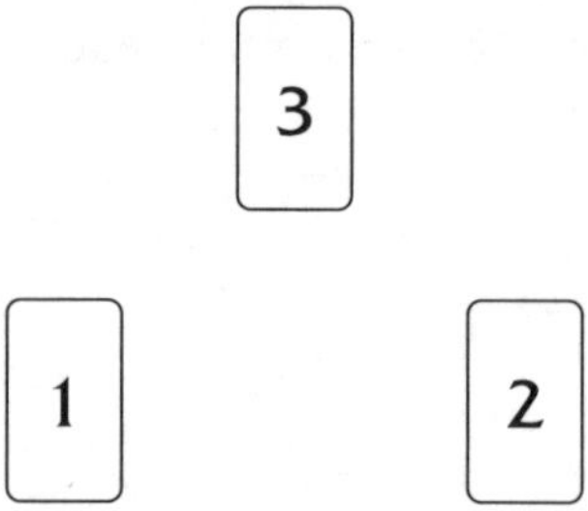

1 – Lage
2 – Aufgabe
3 – Entscheidung

»Der Weg der Wünsche«

Bei dieser Auslage werden die Karten nicht gezogen, sondern ausgesucht. Insgesamt benötigst Du fünf Karten. Zuerst eine für das, was ist. Wähle mit Ruhe und Konzentration ein Bild für Deine momentane Situation. Wenn Du diese Karte gefunden hast, lege sie vor Dich hin. Dann finde eine für das, was sein soll, das heißt, für das, was Du Dir wünschst. Nimm Dir dafür so viel Zeit wie Du brauchst.

Wenn dann diese beiden Karten vor Dir liegen, schiebe sie auseinander, und suche drei weitere Karten aus, die als Verbindungsstück, als Brücke dienen können, um von dem, was ist, zu dem gewünschten Ziel zu gelangen. Achte bei der Auswahl darauf, daß es eine tragfähige Brücke wird und daß Du auf der anderen Seite ankommst! Zum Schluß betrachte die Karten durchgängig als *einen* Weg und als eine Geschichte.

1 – Momentane Situation
2 – Wunsch, Ziel
3, 4, 5 – Brücke von 1 nach 2

Abschließend: Berechne die Quersummenkarte
als Überschrift für diese Auslage
(wie's berechnet wird, siehe S. 18).

»Zwei Auslagen für alle Fälle«

1 – Aktuelle Situation
2 – Vergangenheit oder das, was schon da ist
3 – Zukunft oder das, was neu zu beachten ist

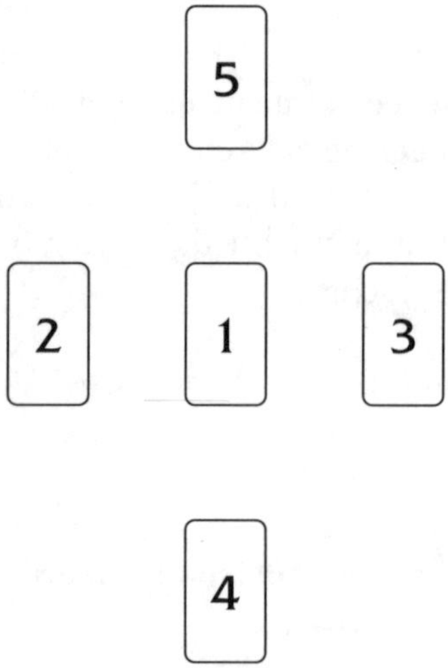

1 – Schlüssel oder Hauptaspekt
2 – Vergangenheit oder das, was schon da ist
3 – Zukunft oder das, was neu zu beachten ist
4 – Wurzel oder Basis
5 – Krone, Chance, Tendenz

»Kreuz«

Variante 1

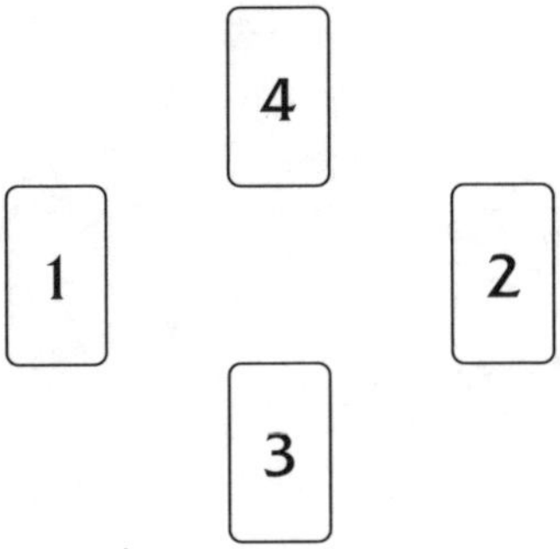

1 – Einerseits / Der Aspekt, den Du schon kennst
2 – Andererseits / Die Kehrseite
3 – Was geändert werden muß
4 – Urteil, Perspektive

»Kreuz«

Variante 2

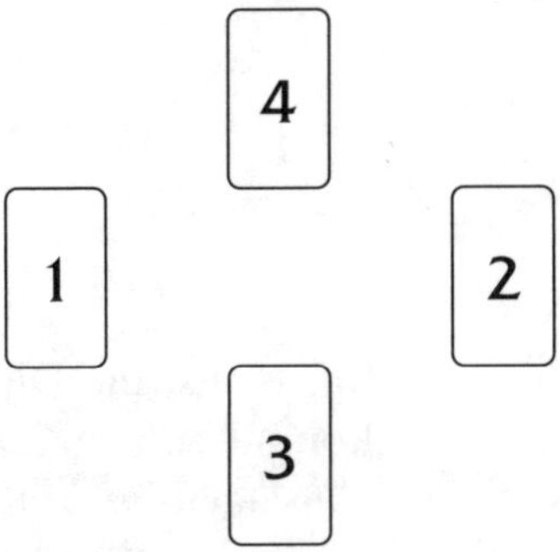

1 und 2 – Hauptaussage
3 – Wurzel oder Basis
4 – Himmel, Chance, Tendenz

»Kreuz«

Variante 3

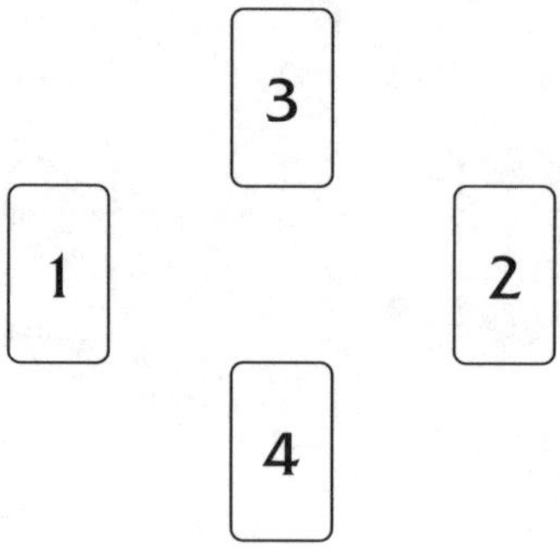

1 – Dieser Weg sollte gemieden werden
2 – Dieser Weg ist gut
3 – Darum geht es
4 – Dorthin führt er

»Eine Karte weglegen«

Suche Dir bei Bedarf eine Karte aus, die Du für eine bestimmte Zeit weglegst. Die Karte kommt solange aus deinem Blickfeld und spielt (auch bei sonstigen Auslagen) *nicht* mit. Merke Dir lediglich, welche Karte Du für wie lange abgelegt hast.

»Trendlinie«

1 – Das kennst Du
2 – Das kannst Du
3 – Das ist neu
4 – Das lernst Du dazu

»Trendlinie«

1 – Das macht Dir Sorgen
2 – Das solltest Du nicht vergessen
3 – So könnte sich beides bereinigen lassen

»Tarot-Magie«

1 – Diese Karte wird ausgesucht:
Deine bewußte Einstellung

2 – Diese Karte wird verdeckt gezogen:
Deine unbewußte Einstellung

Ziel dieser Auslage ist es, die bewußte und die unbewußte Einstellung zu einem Thema zu vergleichen. Werde Dir zunächst über Deine Frage oder die Thematik, über die Du Aufschluß gewinnen möchtest, klar. Merke Dir die Frage.

Dann nimm die Karten so, daß Du die Bilder anschaust und blättere die Karten durch. Nimm die Karte heraus, die Dich für Deine Fragestellung am meisten anzieht.

Dann werden die Karten gewendet, die Bilder zeigen nun nach unten. Jetzt mischst Du die Karten wie gewohnt und ziehst daraus die zweite. (Mario Montano)

»Meditatives Kartenlegen«

Beim meditativen Kartenlegen werden mit Aufmerksamkeit, Entspannung und Konzentration, jedoch nicht unbedingt mit einer bestimmten Frage, Karten ausgesucht. Das heißt, Du wendest den Kartenstapel so, daß die Bilder nach oben liegen, und dann schaust Du Dir die Karten nacheinander an. Die Bilder, die Dich spontan besonders ansprechen, nimmst Du heraus, legst sie vor Dich hin und gestaltest sie nach Gefühl und Intuition zu einem bestimmten Muster.

Wenn Du entweder den ganzen Kartenstapel durchgeblättert hast oder aber zu dem Eindruck gekommen bist, genügend Karten ausgewählt zu haben, ist die Auslage beendet. Atme dann bewußt, nimm das Gesamtbild auf und lasse Dich auf die Wirkung der Bilder ein.

»Assoziatives Kartenlegen«

Beim assoziativen Kartenlegen zieht man Karten, ohne ein bestimmtes Legemuster zu verwenden. Du überlegst Dir Deine Fragestellung und merkst Dir diese. Dann wird eine kleinere Zahl von Karten gezogen, zwischen einer und drei Karten, die Bilder liegen dabei nach unten. Die Bilder werden aufgedeckt, betrachtet, gedeutet und ausgewertet wie sonst auch, und die Ausgangsfrage wird eingeschränkt oder erweitert.

Bei Bedarf werden erneut eine bis drei Karten gezogen, die die Aussage des ersten Durchgangs weiterführen. Dieser Vorgang wird einige Male wiederholt, bis eine befriedigende Antwort erreicht ist.

Die Form der Auslage ist hier weniger entscheidend als die Konzentration auf die persönliche Fragestellung und die Achtsamkeit für das Erlebnis mit den einzelnen Karten im Augenblick.

Zum Schluß kann auch bei dieser Form des Kartenlegens bei Bedarf die Quersumme gezogen werden, und wie immer gibt die gesamte Auslage die Antwort auf die gesuchte Frage. Zur Einübung des assoziativen Kartenlegens empfiehlt es sich, mit einer Karte pro Durchgang zu beginnen.

»Zauberspruch«

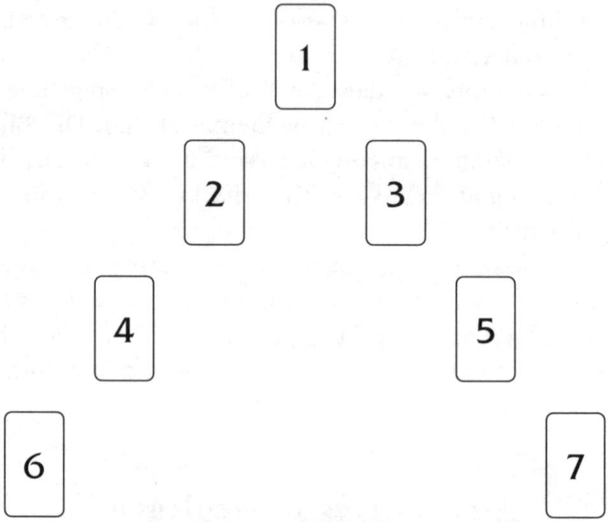

1 – Das bist Du
2 – Was Dich deckt
3 – Was Dich schreckt
4 – Was Dich treibt
5 – Was Dir bleibt
6 – Was Dir künftig winkt
7 – Was Dich auf den Boden bringt

»Der Stern«

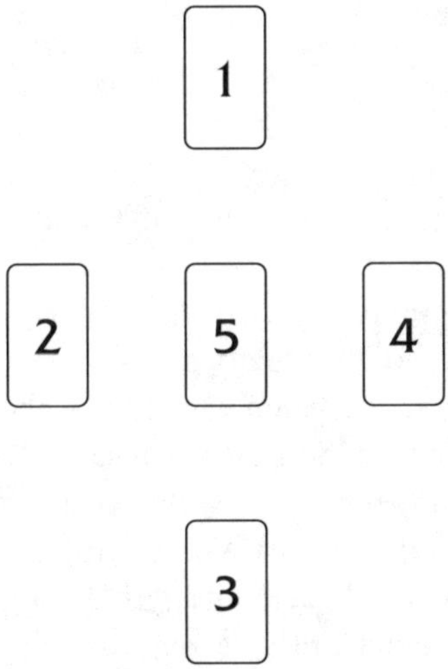

1 – Wo Du stehst
2 – Deine Aufgaben
3 – Deine Schwierigkeiten
4 – Deine Reserven
5 – Dein Ziel

»Das Kirchhof-Spiel«

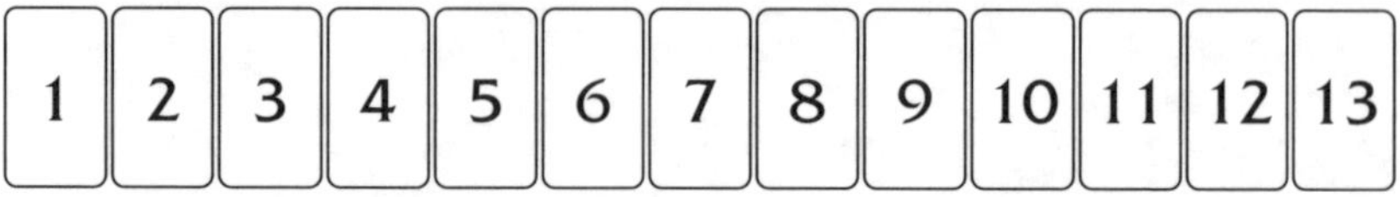

Diese Auslage eignet sich, um eine Frage zu beantworten und zugleich zu überprüfen.

Zum Vorgehen: Zunächst wird der »Narr« aus dem Spiel herausgenommen. Mische die verbleibenden 77 Karten, und wähle (verdeckt!) 12 Karten aus, zu denen Du nun – ebenfalls mit dem Bild nach unten – den »Narr« hinzufügst. Diese 13 Karten werden erneut gemischt und in der angegebenen Weise ausgelegt.

Alle 13 Karten zusammen antworten auf die gestellte Frage.

Die Karte »Der Narr« bezeichnet dabei – gleichsam als »Stunde Null« – die Wende in einer Entwicklung und eine »Stunde der Wahrheit«.

Auswertung:

(1) Der »Narr« kennzeichnet die Gegenwart. Du siehst also einen Entwicklungsverlauf als Antwort auf Deine Frage. Liegt der »Narr« am Anfang der Reihe, dann hast Du das meiste in dieser Angelegenheit noch vor Dir; Du stehst an einem Neuanfang. Erscheint der »Narr« zum Schluß hin, so besagt dies, daß die betreffende Entwicklung weitgehend hinter Dir liegt.

(2) Die Stellung der Karte »Der Narr« gibt auch die Reichweite Deiner Frage an: Was vor dem »Narr« erscheint, zeigt die bewußte Einstellung. Alles, was nach dem »Narr« aufgedeckt wird, beschreibt die unbewußte Einstellung und eine bisher unbewußte oder unbekannte Frage, die über die Anfangsfrage hinausgeht.

Erscheint der »Narr« am Anfang der Reihe, sind die meisten Aspekte der gestellten Frage entweder noch unbekannt oder es zeichnet sich eine weitere, neue Frage ab. Erscheint der »Narr« jedoch am Ende der Reihe, gilt, daß die gestellte Frage zur gegenwärtigen Zeit genügend weitreichend und wesentlich ist.

Resümee: Alle 13 Karten zusammen. Wenn gewünscht, Quersumme.

(Bill Butler)

»Mut zur Lücke«

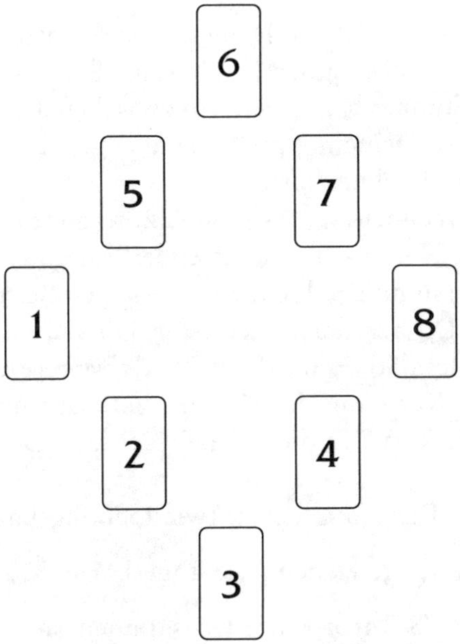

1 – Das ist möglich
2 – Das ist wichtig
3 – Das ist mutig
4 – Das ist nichtig
5 – Das ist nötig
6 – Das ist heiter
7 – Das ist witzig
8 – Das führt weiter

»Persönlichkeitskarten«

Variante 1: Aus dem Geburtsdatum errechnen:

Dazu wird aus den Ziffern Deines Geburtsdatums die Quersumme gebildet: Zum Beispiel 8.9.1963 ergibt 8 + 9 + 1 + 9 + 6 + 3 = 36. Liegt diese Summe bei einer Zahl zwischen 1 und 21, so ist die Große Karte aus Deinem Spiel, die die gleiche Zahl trägt, die zugehörige Persönlichkeitskarte.

Beträgt die errechnete Quersumme 22, so gilt die 22. Große Karte – das ist »Der Narr« – als betreffende Persönlichkeitskarte.

Liegt die Quersumme jedoch, wie im obigen Beispiel, bei 23 oder höher, so mußt Du aus der errechneten Quersumme nochmals die Quersumme bilden. So ergibt dann 36 als weitere Quersumme 3 + 6 = 9; die Große Karte mit der gleichen Ziffer ist nun die zutreffende Persönlichkeitskarte, in diesem Beispiel IX – Der Eremit.

Variante 2: Eine Karte aussuchen (wie Lieblingskarte, S. 15)

Variante 3: Eine Karte ziehen (wie Tageskarte, S. 20)

Variante 4: Alle 78 Tarot-Karten zusammen stellen einen Spiegel Deiner Persönlichkeit dar.

Wissen und Erfahrung
Sonne und Mond in der Tarot-Deutung

Große Arkana / Trumpfkarten

I-Der Magier

Andere Bezeichnumgen der Karte: Der Pagat; Zauberer; Magus.

It's a kind of magic! Magie, die »Möglichkeit des Unmöglichen«, besteht darin, mit Gott und der Welt einszusein. Dieses Eins-Sein verwirklicht sich im und durch den Zauber der Individualität.

»Gehe nicht in den Fußstapfen der Meister. Suche, was sie suchten« (Zen-Spruch). Diese Karte ist den universellen Möglichkeiten gewidmet, die sich Dir und allen bieten. Himmel und Erde, Tag und Nacht, Vision und Wirklichkeit treten in ein fruchtbares Spannungsverhältnis. Wenn es bei dieser Karte Probleme gibt, liegt das daran, daß Deine Individualität zu kurz kommt und der Unterschied, den Dein Dasein macht, mehr betont werden sollte; oder es liegt daran, daß Du diesen Unterschied überbewertest und mehr Verständnis für die verbindenden und gemeinsamen Merkmale aller Lebewesen aufbringen solltest.

- **Persönlicher Zauber**
- **Universelle Möglichkeiten**
- **Individuelle Lösungen**

Es gibt keine »übersinnlichen« Kräfte, aber eine Entwicklung von Sinn und Sinnen bis hin zur vollen Blüte. Und diese geht über viele landläufige Vorstellungen weit hinaus. Die größte persönliche Zauberkraft liegt im verwirklichten *Sinn* der eigenen Existenz.

Auf Deinem individuellen Weg machst Du Erfahrungen und erreichst Du Lösungen, die vor Dir (und vielleicht auch nach Dir) keine/r erreicht hat. Auf diesem Weg kannst Du daher Erfolge und Ergebnisse erzielen, die wie ein Wunder wirken, tatsächlich für Dich aber ganz natürlich sind – so, wie andere auf ihrem jeweiligen Weg Zauberhaftes leisten, das für Dich immer unerreichbar bleiben wird, weil deren Weg nicht Deiner ist.

In Deinen aktuellen Fragen brauchst und entwickelst Du Erfindungsgeist – die Gabe, zu Dir zu finden, und das Geschick, eine Lücke aufzutun oder eine Brücke zu bauen, die gerade Deinen Auffassungen entgegenkommt. Deine ganz persönlichen Chancen kann Dir keiner vorführen und kann Dir keine/r wegnehmen! Sie bieten sich allein Dir. Tip: Achte auf scheinbar unzusammenhängende Ereignisse!

II-Die Hohepriesterin

Andere Namen: Die Päpstin; Junon.

»Schläft ein Lied in allen Dingen, / die da träumen fort und fort. / Und die Welt hebt an zu singen, / triffst du nur das Zauberwort« (Joseph von Eichendorff).

Alles hat eine Stimme, sendet und empfängt auf eigenen Frequenzen. Achte (auf) den Sound! Hüte und schütze Deine innere Stimme; setze Dich mit Mißklängen auseinander. In Dir steckt ein erhebliches schöpferisches Potential, »triffst du nur das Zauberwort«. Daher sei zuversichtlich – und vorsichtig, wenn Du einen Wunsch aussprichst: er könnte wahrwerden!

Viele Bilder stellen die HOHEPRIESTERIN mit einem heiligen Buch dar. Sie liest im Script, im »Drehbuch« und symbolisiert damit die Seele, die den Eigen-Sinn buchstabiert. Jedes Wesen besitzt einen eigenen Sinn. Im Unterschied zu Tier und Pflanze besitzt der Mensch Freiheit gegenüber Instinkten und vegetativen Vorgängen. So stellt die HOHEPRIESTERIN auch die Frage, wie bewußt Du mit Gefühlen und Stimmungen umgehst.

- **Eigen-Sinn**
- **Innere Stimme**
- **Lebensdeutung**

Solange Du Dich vom eigenen Sinn entfernst, wächst die Sterilität des Lebens. Sobald Du aber Dein Bewußtsein nutzt, um (Dir) den Sinn des Eigenen klarzumachen, kehrst Du zu Deinen Wurzeln zurück und schaffst die Grundlagen für ein erfülltes, fruchtbares Leben. Früchte sind denn auch in vielen Bildversionen dieser Karte enthalten. Auch unterschiedliche Symbole, die bezeugen, daß eine Pforte zu durchschreiten ist: der Weg ins Allerheiligste, das die Bewertungen von Gut und Böse (Weiß und Schwarz) zwar voraussetzt, aber in sich aufhebt und fruchtbar macht. Der spontane Eigensinn verwandelt sich in den erfahrenen Sinn des Eigenen.

Unpersönliche Rezepte oder Orakel helfen nicht. Das Geheimnis der Hohepriesterin ist der Eigen-Sinn. Nimm Klang und Stille in Dir und außerhalb von Dir wahr. Richte Dir einen Raum ein, einen Geltungsbereich, in dem Deine Stimme und Deine Stimmung sich entfalten und produktiv äußern können. Tip: Auch eine gute Gelegenheit, zu weinen, zu schreien und zu singen.

III-Die Herrscherin

Andere Namen: Die Kaiserin (selten: Die Matriarchin).

Vielfältige Assoziationen zum Thema Fraulichkeit und Weiblichkeit werden hier geweckt – laß Dich darauf ein! Jeder Mensch benutzt die Wörter Frau, Freundin oder Mutter; doch der Inhalt, der mitschwingt, ist jedesmal verschieden und typisch.

Manchmal werden sogar die Frauengestalten wichtig, die im eigenen Leben nicht existieren. Wer etwa nie eine Schwester gehabt hat, gelangt vielleicht an den Punkt, sich dies als besondere Erfahrung – als Manko und als Chance – bewußtzumachen. Die Chance besteht darin, als Erwachsene/r Beziehungen bewußter einzugehen: statt der angeborenen Blutsverwandten sich selbstgewählte Geschwister, eben Wahlverwandte, auszusuchen.

❀ Persönliche Natur
❀ Selbstverständlichkeit
❀ Eigene Fruchtbarkeit

Es geht um »Weiblichkeit«. Für Frauen wie für Männer bestehen die weiblichen Anteile immer weniger in äußeren Merkmalen wie Kleidung, Berufswahl usw. Selber Herrscherin zu sein, heißt für jede und jeden – die eigene Natur zu entfalten. Die Blüte von Sinn und Sinnen ist das A und O. Ein blühendes Leben ist der gemeinsame Nenner, der Faden, der unsere Wurzeln in matriarchalen Urgesellschaften mit den Utopien einer künftigen besseren Welt verbindet.

Wenn Du DIE HERRSCHERIN in Deinem Leben bist, blühst Du auf. Und darauf kommt es jetzt an.

Tips: Du brauchst die Natur und solltest heute noch etwas unternehmen. Entweder hinaus in Wald und Feld. Und/oder eine Exkursion in Deine persönliche Natur: Du besitzt und Du brauchst ein eigenes Reich, wo als normal und anerkannt gilt, was für Dich ganz natürlich und selbstverständlich ist. Manchmal ruft die Karte dazu auf, sich aus Beziehung und Beruf zeitweise zurückzuziehen; manchmal läutet sie das Ende einer Zurückgezogenheit oder einer Schüchternheit ein. Dann legt sie wiederum nahe, draußen zu arbeiten und sich für den Natur- und Umweltschutz zu engagieren. Nicht zuletzt ist dies die Karte der Emanzipation, der Freiheit für das Reich des Eigenen.

IV-Der Herrscher

Anderer Name: Der Kaiser.

Ob es nun um Mann, Vater, Sohn, Freund, Partner, Konkurrent, Großvater oder Onkel geht: Die meisten von uns haben hier einige Dinge zu klären. Das Thema ruft Emotionen wach. Vielleicht sind hier Auseinandersetzungen zu führen oder nachzuholen sind. Es kann auch sein, daß Du in und mit Dir Frieden schließen mußt. Das bedeutet wiederum, daß Du Dir einige Dinge und Verhaltensweisen, die Du vom Freund, vom Mann, vom Vater usw. gewünscht und erwartet hättest, selber schenkst. »Männlichkeit« ist im übrigen Thema bei der Karte DER TURM.

Hier steht die Fähigkeit im Vordergrund, HERRSCHER zu sein, das eigene Leben zu regieren, etwas zu starten und nicht auf äußere Anstöße zu warten. Die Karte lädt ein, Dich selber als HERRSCHER zu sehen.

- **Schöpferisches Leben**
- **Pioniergeist**
- **Gestaltungskraft**

DER HERRSCHER ist die *archetypische* Karte des Tarot par excellence. Vom altgriechischen Wort her bedeutet »Archetyp« nicht nur Urbild und Erstprägung, sondern auch Urheber/in und Erstpräger/in. Die Beschäftigung mit psychologischen Archetypen wird weitgehend noch so verstanden, daß man nach ererbten (kollektiven) Prägungen des eigenen Bewußtseins und Unbewußten fragt. Tatsächlich aber ist der Begriff des Archetypen ein Begriff mit Doppeldeutung: Dort, wo ein Mensch etwas beginnt, das über alle Vorbilder hinausgeht und neue Maßstäbe setzt, wird er zum Schöpfer oder zur Schöpferin – eben zum Archetypen.

In Deinem Leben bist Du der oder die – erste. Du bist HERRSCHER und zugleich Anfänger! Hüte und schütze Dich vor Egoismus und Selbstlosigkeit. Hier bietet sich die Chance, (mit sich) selber etwas *anzufangen*, das Leben zu erneuen. Neuland gibt es drinnen (in der eigenen Person) und draußen (in der Welt) zu entdecken.

Setze Deinen Pioniergeist ein. »Don't imitate, innovate«: Versuche nicht andere nachzuahmen, sondern schaffe neue Tatsachen. Verwirkliche Dich selbst als Urheber, als Urheberin! Tip: Frage nach Antworten, die nur Du finden kannst.

V-Der Hierophant/Der Hohepriester

Anderer Name: Der Papst (selten: Jupiter).

Was einst die Aufgabe der Priester und Hohepriester war, ist heute auch Aufgabe für Dich: Finde persönliche Antworten für die großen und kleinen Geheimnisse des Lebens. Organisiere Deine Feste, Freudes- und Trauerfeierlichkeiten an den großen und kleinen Wendepunkten des Lebens. Die Karte warnt vor Aberglauben und Unglauben, vor Missionseifer und Bekennertum.

Nahezu alle Kartenversionen zeigen drei Bildfiguren. In der Reihenfolge der großen Arkana ist dies – darin sind sich fast alle Tarot-Spiele einig – die *erste* Karte, die *mehrere* Personen zeigt! Meistens ist dabei eine große Bildfigur ganz im Bild zu erkennen, während zwei weitere Bildfiguren klein oder teilweise zu erkennen sind. Damit wird die Karte aber auch zum Spiegel Deiner Stärken und Schwächen.

- **Quintessenz**
- **Wahres sagen**
- **Selbstvertrauen**

In Dir schlummern unbekannte Talente. Diese werden in vielen der Darstellungen durch einen oder zwei Schlüssel verdeutlicht. Die Zahl 5 wie auch manche Bildelemente weisen auf den Begriff der Quintessenz hin. Diese Quintessenz ist die persönliche Wahrheit, die in jedem Menschen lebt. Aufgrund dessen hat jede und jeder etwas zu sagen und mitzuteilen.

Die Quintessenz ist aber auch die größere Wahrheit, der Geist oder der Sinn hinter den vordergründigen Ereignissen. Es ist die elementare Schöpfungskraft, die in jeder Körperzelle wohnt und die Mutter aller Geschehnisse und aller Entwicklungen ist. Verleihe Deiner Quintessenz Ausdruck und Gestalt!

Äußere Dich, und profitiere von den Erfahrungen der anderen. Im Kern geht es um Dein Selbstvertrauen. Und dieser Glaube an Dich selbst kann sich nur entwickeln, wenn Du Deine Stärken und Schwächen berücksichtigst und Dich selber in bisher verborgene Wünsche und Ängste einweihst. Praktisch geht es darum, Gewohnheiten zu hinterfragen und Dich zu offenbaren. Weihe andere in Deine Geheimnisse ein, und öffne Dich für die Bedürfnisse der anderen. Tip: Wahres sagen ist die einzig akzeptable und einzig effektive Form von »Wahrsagerei«. Verlaß Dich darauf!

VI-Die Liebenden

Weitere Bezeichnungen (selten): Der Liebende; die Entscheidung.

Auf den ersten Blick – je nach Bildversion – eine Karte der Entscheidung oder der Idylle. Dabei sind in den Bildern auch verschiedene Schattenseiten enthalten. Die *Schattenseiten* aufzuklären, heißt, zu erkennen und zu verstehen: »Für einen, der nicht versteht, sind Berge Berge. / Für einen, der zu verstehen beginnt, sind Berge nicht mehr Berge. / Für einen, der versteht, sind Berge wieder Berge« (Zen-Spruch). Ein neues Paradies erwartet Dich!

❀ Paradies ...
❀ ... verloren
❀ ... und wiedergefunden

»Viele Menschen kennen die feinen Unterschiede der verschiedenen Personal Computer. Aber daß es auch ein Personal paradise, ein wirkliches Land der Träume gibt – da melden wir oft nur Error, Fehlanzeige oder Blackout! Wir sind häufig einfach nicht auf Glück programmiert und trauen unseren Träumen nichts zu – jedenfalls nichts Gutes« (D. Diederichs).

Betrachte die Sachlage einmal von höherer Warte aus. Dazu regt der Liebesgott Amor oder der Engel an, der in fast allen Versionen dieser Karte auftaucht. Aus himmlischer Sicht *lebt nur, wer liebt.* Wer nicht liebt, ist schon tot oder hat noch nicht begonnen zu leben.

Liebe ist nicht nur ein Gefühl. Liebe ist auch eine Entscheidung, sich zu kümmern und einem Menschen oder einem Sachverhalt wirklich zu begegnen. Ohne Liebe bleiben Beziehungen ohne Bedeutung. Dabei ist Liebe keine Beziehungsfrage. Liebe ist ein Energiezustand, eine Daseinsweise, die schöner, lebendiger und reicher ist als ein Leben ohne Liebe.

Du bist eine liebevolle und liebenswerte Person. »Liebe Deinen Nächsten wie Dich selbst!« Deine Beziehungen zu anderen und die Beziehung zu Dir sind zwei Seiten einer Medaille. Gib nicht anderen die Schuld für Dein Glück oder Dein Unglück. Du hast Dich in der Vergangenheit entschieden und bist frei, Dich jetzt neu zu entscheiden! Tip: Wann hast Du Deine letzte Liebeserklärung gemacht – an Dich selbst – an andere?

VII-Der Wagen

Weitere Bezeichnung (selten): Der Triumphwagen.

Die Karte des Bewegungsdrangs, der Dynamik des Unbewußten und der Selbst-Steuerung. Je mehr Du bewegst, um so wichtiger ist es, zu verstehen, was Dich bewegt.

Vielfach zeigen die Bilder dieser Karte den Mond als Symbol der Seele – seine hellen und dunklen Seiten symbolisieren Bewußtes und Unbewußtes. Seit einigen Jahrzehnten nun ist der »Mond« für die Menschen nicht mehr unerreichbar. Das gilt für die Raumfahrt, und symbolisch, im übertragenen Sinne, gilt es auch für die Seelenfahrt und die Selbsterfahrung. Auch unbewußte Seelenbereiche sind nicht mehr unerreichbar oder unfaßbar. Du hast die Möglichkeit, Dir Deiner unbewußten Regungen und Antriebe bewußtzuwerden! Dadurch entsteht eine reale, faßbare Chance, Wünsche und Ängste zu verstehen.

- ❀ **Selbst-Erfahrung**
- ❀ **Der Weg der Wünsche**
- ❀ **Selbst-Steuerung**

»Du gehst den Weg der Wünsche, und der ist nie leicht« (Michael Ende). Welche Wünsche sind sinnvoll und welche nicht? Welche Ängste sind berechtigt und welche nicht? Der Weg der Wünsche ist der Weg der Erfüllung sinnvoller Wünsche und der Aufhebung unberechtigter Ängste. Solange Du Dich auf diesem Weg bewegst, lohnt sich alles, was Du tust, auch wenn es vielleicht mit Mühen oder (scheinbaren) Umwegen verbunden ist. Umgekehrt bleiben auch die schönsten Errungenschaften wertlos, wenn sie Dir auf dem Weg der Wünsche nicht weiterhelfen.

Nur in Hinblick auf den Weg der Wünsche gilt übrigens das bekannte Zitat »der Weg ist das Ziel«; in vielen anderen Bedeutungen ist statt dessen der Unterschied zwischen Weg und Ziel ganz entscheidend!

Hast Du einen Führerschein? Nutzt Du ihn? Läßt Du Dich lieber fahren? Apropos ‚Weg der Wünsche': Lege die 22 Großen Arkana als Kreis vor Dir aus. Wähle davon eine Karte, die Deine bestehende Situation beschreibt. Dann wähle eine zweite Karte für das, was Du Dir wünschst. Danach lies die Auflösung auf S. 153 f.

VIII-Kraft/Gerechtigkeit

Andere Namen: Statt Kraft »Stärke«; statt Gerechtigkeit »Ausgleich(ung)«.

Die größte *Gerechtigkeit* (Ausgleichung) und zugleich Dein Maximum an *Kraft* erreichst Du, wenn Du allen vorhandenen Energien den Platz zuweisen kannst, auf dem sie sich jeweils am besten entfalten. »Jedes Ding ist vollkommen, wenn es seinen Zweck erfüllen kann« (Gotthold Ephraim Lessing).

Die Balance der Kräfte – mit Waage und Schwert werden sie gewogen und ausgerichtet –, die durch manche Version der Karte VIII gezeigt wird, ergänzt sich gut mit dem Bild großer körperlicher oder animalischer Kräfte, die es zu nutzen und aufzuheben gilt, die wiederum in vielen anderen Darstellungen dieser Karte erscheinen (zu den Bezeichnungen der Karte, vgl. auch Anmerkung, S. 153 f.). Von unterschiedlichen Ansatzpunkten aus behandelt diese Karte dennoch stets das Spiel der Kräfte und die Balance der Energien – die Fragen der persönlichen Festigkeit und Integrität.

- **Willenskraft**
- **Ich-Stärke**
- **Persönliche Ganzheit**

Jetzt heißt es Rückgrat zeigen. Hier geht es darum, als ganzer Mensch anwesend zu sein, alle Kräfte im Brennpunkt des Augenblicks zu versammeln! Stell‘ Dich auf Kraftproben ein. Sag‘: *Ich will!* Schütze Dich zugleich vor innerer Zerrissenheit und einem permanenten Kampf gegen Dich und/oder andere.

Deine Chance und Deine Aufgabe liegen darin, »alle Extreme im täglichen Leben zu integrieren« (Gerd Ziegler). Wildheit und Weisheit, rohe Kräfte und hehre Geister, Gesicht und Geschlecht sollen aufgehoben und zu einem einheitlichen Willen verschmolzen werden.

Es ist besser, danach zu forschen, wie sich vorhandene Stärken einsetzen lassen, als darauf zu achten, wie sich vorhandene Schwächen am besten kritisieren ließen! Stütze Dich dabei auf die vitalen Bedürfnisse von Kopf und Bauch bei allen Beteiligten. Etwas zu erreichen, bedeutet auch, es als Eigenes zu begreifen. Setze Dich mit Argumenten und Gegenargumenten auseinander und ziehe die Summe daraus.

IX-Der Eremit

Keine weiteren Bezeichnungen.

Propheten und historische Eremiten, Nachtwächter, die klugen Jungfrauen (die ihr Licht bereithalten), die mythischen Wächter an der Schwelle zur Unterwelt ... viele kulturelle Leitbilder begegnen uns in Bildmotiven dieser Karte. Die Laterne und das Licht darin sind Symbole des menschlichen Verstandes und unseres Anteils am »göttlichen« Licht. Jeder Mensch hat die Notwendigkeit, gewisse Probleme zu erkennen und zu beheben. Jede/r hat die Möglichkeit, die Welt ein Stück weit heiler zu machen. »Die Unschuld ist nichts, was man verlieren, sondern eher etwas, was man gewinnen kann« (Bertolt Brecht).

❀ **Heilung**
❀ **Unschuld**
❀ **Achtsamkeit**

In der Aufarbeitung der Widersprüche, die in Dir und um Dich bestehen, bestärkt sich Dein Licht. Nicht die Schuldlosigkeit als Verantwortungslosigkeit, nicht die Flucht in Unzuständigkeit oder Unzurechnungsfähigkeit bringt Dich der überragenden Kraft des »Eremit« näher. Er verkörpert vielmehr einen Menschen, der zur gegebenen Zeit seine Probleme löst und seine Aufgaben erledigt, ohne etwas unter den Teppich zu kehren. Darum geht es auch in Deinen aktuellen Fragen!

Einsamkeit und Verlassenheit künden davon, daß ungelöste Probleme, Schuldgefühle oder Schuldvorwürfe vorhanden sind. Die Karte der Individuation: »Werde, was du bist«. Auch die Karte der spirituellen Suche. Sie zeigt die Aufgabe, über Dich hinauszuwachsen, um wieder neu bei Dir anzukommen.

Manchmal signalisiert diese Karte Ruhe und Rückzug, noch öfter jedoch engagierte Bemühungen, ein höheres Maß an Verantwortung und Achtsamkeit. Nicht Askese und Selbstkasteiung sind hier angezeigt, sondern Schönheit und Reichtum der Schöpfung!

Nenne Dir (drei) Beispiele für Deine Fähigkeit, wichtige Resultate zu erreichen. Nenne weitere Beispiele für Dein Vermögen, vor Problemen nicht wegzulaufen, sondern sie (a) auszuhalten und (b) zu einer guten Lösung zu bringen. Ist Dein Haushalt in Ordnung? Was tust Du für Dein Wohlbefinden?

X-Rad des Schicksals

Andere Namen: Fortuna; Glück; das Rad.

Durch Kooperation mit dem Schicksal wird das individuelle Leben um die universelle Komponente bereichert, das einfache Leben wird gleichsam verdoppelt: »Du lebst nur zweimal!« Nimm Anteil an der Welt, und die Welt wird Anteil an Dir nehmen. Begreife Dich als Teil der Schöpfungsgeschichte. Verausgabe Deine Kräfte nicht darin, das Überleben zu sichern. Weder das bloße Überleben noch ein heroisches »Über-Leben« stellt den Gipfel Deiner Möglichkeiten dar!

Was bewirkt ein erfolgreiches Gelingen, ein gutes Geschick und ein glückliches Schicksal? Diese Karte zeigt die Antwort: Eine *Resonanz* zwischen dem Einzelnen und dem Schicksal. Es ist eine Frage des Echos, des Klangs und des Mitschwingens. Der Mensch wird in vielen Mythen als ein Gefäß beschrieben. Als ein Gefäß aus Ton oder Lehm etwa, dem Gott seinen Atem eingehaucht habe. Wenn das große Weltgeschehen in Dir seinen Widerhall findet und wenn Du selber, in Deiner Art und Beschaffenheit, für Wohlklang und Nachhall in der Welt sorgst, dann bestehen fruchtbare Resonanzen. Es entstehen Harmonien, Korrespondenzen und Synchronizitäten (Gleichzeitigkeiten) zwischen Dir und dem Lauf der Welt.

- **Persönliches Geschick**
- **Forrest Gump-Prinzip**
- **Gnade**

Man kann es das »Forrest Gump-Prinzip« nennen: Zur richtigen Zeit an der richtigen Stelle sein – dies ist eine Gnade und der schönste Ausdruck der Harmonie zwischen Mensch und Schöpfung. Der Zusammenklang von persönlichem Geschick und dem Walten des großen Schicksals bedeutet zugleich das Maximum an persönlicher Effektivität. Mehr kann man nicht erreichen und bewirken. Und weniger wäre ein Verzicht auf vorhandene Möglichkeiten.

Die Zusammenarbeit mit dem Schicksal beginnt und wächst mit der liebevollen, aber auch kritischen Annahme von »Zufällen« und solchen größeren Zusammenhängen, die über das eigene Fassungsvermögen hinausgehen. Die Arbeit mit dem Zufall, wie sie etwa das Tarot-Kartenlegen erlaubt, ist ein ideales Training dafür. Tip: Ziehe in den nächsten (zehn) Tagen jeweils eine Tageskarte!

XI-Gerechtigkeit/Kraft

Statt Gerechtigkeit auch »Ausgleich(ung)«; statt Kraft »Stärke«, »Lust«.

Wie immer auch Deine Bildversion dieser Karte aussehen mag, ob sie nun KRAFT oder GERECHTIGKEIT heißt (vgl. dazu Anmerkung auf S. 153 f.): Jedesmal handelt diese Karte davon, Energien auf breiter Grundlage aufzunehmen und auf die Spitze zu treiben. Die Karten, die die traditionelle Justitia präsentieren, zeigen diese Göttin der GERECHTIGKEIT meist mit roten Farben. Dies Rot symbolisiert Vitalität und Leidenschaft; Schwert und Wagen, die Waffen des Geistes, sind dann dafür da, Lust und Libido bewußt zuzuspitzen.

Die Bildversionen, die den Titel KRAFT tragen, betonen Körperkraft und Sexualität. So oder so geht es um den bewußten Umgang mit der Lebenskraft, die bewußte Lust, die Liebe zur Schöpfung. Die Station XI steht jedesmal für die Erfahrungen von Kraft und Gerechtigkeit, Lust und Liebe – diesseits *und* jenseits der Grenzen des eigenen Ich.

- ❀ **Liebe**
- ❀ **Lust**
- ❀ **Persönliche Kultur**

Das bedeutet, das »Es« anzunehmen und aufzuheben. Der ‚starke und gerechte' Umgang mit der Libido (Triebenergie, Lust) ist mit einem anderen Wort die – Liebe! Die Liebe zur Schöpfung und allem Lebendigen ist das Größte. Entscheide Dich für die Liebe als Daseinszustand, als Intensität und Qualität des Lebens. So wirkst Du mit an etwas und wirst Teil von etwas, das größer ist als Du.

Hüte und schütze Dich vor sinnlosen Idealen und vor Gewaltsamkeiten im Namen der Liebe. Finde hinter den vielen Gesichtern, den verschiedenen Erscheinungen und Ereignissen den Zugang zum Wesentlichen. Je genauer die Ermittlung, um so liebevoller das Urteil! Gib der Lebenslust eine neue Chance.

Übe die ‚Kunst des Liebens'! Liebe ist nicht nur ein Gefühl; Liebe ist eine Lebenseinstellung, eine Sache des Bewußtseins, die persönliche Einheit mit der Schöpfung, mit allen Energien, einschließlich und auch völlig jenseits der eigenen Person. Tip: Gönne (Dir und Deinen Nächsten) heute ein sinn- und lustvolles ‚Extra'!

XII-Der Gehängte

Andere Namen: Prüfung; Umkehr.

Du siehst die Welt mit anderen Augen. Es ist vielleicht verrückt, doch es hat auch seinen Sinn. Es scheint absurd und ist doch wahr. Keiner hat Dir je gesagt, daß es sich so verhält – aber so ist es. Laß los, Du wirst getragen. Habe Vertrauen.

Du bist wie ein Pendel am Baum des Lebens. »Nicht mein Wille, sondern dein Wille geschehe«: Verstehe, was der »Wille« der Schöpfung mit Dir vorhat, worauf er Dich hinweisen, was er durch Dich ausloten und sichtbar machen »will«. Also laß Dich nicht hängen.

Hier geht es auch um Lebensziele, die man nicht erst einmal auf Probe leben kann, weil sie zur Verwirklichung eine ganze Lebensspanne erfordern. Prüfe, woran Du hängst und woran Du Dich bindest. Prüfe gründlich und stelle alles auf den Kopf. Dann weißt Du, was Trumpf ist und woran Du wirklich hängst.

- **Umkehr**
- **Passion**
- **Große Träume**

»Metanoeite«, zu deutsch *Kehret um und wandelt euch,* lautete der Wahlspruch des Franz von Assisi, dessen Wahrzeichen ein T-Kreuz ist. Dieses Kreuz wird auch »Tau-Kreuz« genannt (griechisch für den Buchstaben T); wir finden es in vielen Bildversionen dieser Karte wieder. Ebenso Motive, die an Schamanen, an Zauberer wie Merlin oder Gottheiten wie Odin erinnern. Der Glaube ist der »Standpunkt« des Gehängten. Nicht die irdische, sondern die himmlische Perspektive zählt.

Die XII beinhaltet unter anderem zweimal die VI, also DIE LIEBENDEN doppelt – mit all ihren Stärken und Schwächen. Es ist die Karte der Passion. Sie warnt vor unangemessenen Leidensgeschichten. Und sie ermuntert zu großen Leidenschaften, zu einer vollkommenen Hingabe an die Liebe als dem *höchsten* der Gefühle.

Tip: Übe Kopfstand (oder Handstand, »Kerze«)! Setz sich auf die andere Seite des Tisches. Die Zeit ist gekommen, Dich aus emotionalen Sackgassen zu befreien. Entscheide Dich für das, was das Herz beglückt! Zeige Deine Fähigkeit, wirkliche Freude zu verbreiten.

XIII-Tod

Anderer Name: Keiner. – Viele (ältere) Decks benennen diese Karte gar nicht.

Etwas geht zuende. Freude und Trauer, Trennung und Lösung, Abschied und neue Offenheit – starke Gefühle sind nicht immer einfache Gefühle, aber sehr tiefe menschliche und persönliche Erfahrungen. Lerne zu verzeihen, ohne zu vergessen, und zu beenden, ohne zu zerstören.

Du selber bist ein Sensenmann oder eine Schnitterin; es geht um Deine Kraft zu einschneidenden Maßnahmen. Bringe zuende, was dafür reif ist. Du hast etwas zu erledigen!

Außerdem geht es um den großen Tod und das Sterben. Richtig ist, was viele Kommentare zu dieser Karte notieren: Loslassen ist angesagt. Richtig ist aber auch, was viele Kommentare bisher nicht vermerken: Es geht auch ums Ernten!

❀ **Ende**
❀ **Ernte**
❀ **Ewigkeit**

Der Beruf des Schnitters ist die Ernte! Manche Tarot-Sorten drücken diesen Gedanken durch die Figur des Sensenmanns aus, andere – wie das Waite-Tarot – durch das Symbol einer Erntekrone. Somit entfaltet sich der ganze Sinn der Karte: Loslassen, um zu ernten – Platz schaffen für Neues; das beseitigen und auf das verzichten, was im persönlichen Sinne fruchtlos und unproduktiv ist; damit wachsen und gedeihen kann, was im persönlichen Leben wertvoll und fruchtbar ist.

Jeder Mensch ist einmalig, wenn er erntet, was als fruchtbarer Keim in ihm steckt. Wenn Du Deine Lektionen lernst, Deine Talente fruchtbar machst und die Früchte Deiner Bemühungen weitergibst, bekommt die Einmaligkeit dieses Deinen Lebens einen anderen Sinn – aus der vorübergehenden Lebensspanne wird Dein Anteil an der Ewigkeit.

Laß tiefe Gefühle und Mitgefühle zu. Keine Umwege um die Wahrheit! Jetzt entscheidet die Bereitschaft, Deinen Beitrag zu leisten, das Beste zu geben und anzunehmen. Stärke Dein Verlangen, die gegebene Lebensspanne so sinnvoll und angenehm, so wertvoll und fruchtbar wie möglich zu machen. Die erste und die letzte Frage: Was wirst Du heute ernten?

XIV-Mäßigkeit

Andere Namen: Mischung; Kunst.

Aus der gegebenen Lebensspanne bereitest Du ein großes Lebenswerk – einen Spannungsbogen mit Aufgaben und Hindernissen, Erfolgen und Experimenten. Du durchbrichst den Kreis der Wiederholungen. Diese schöpferische Kraft führt Dich zu Deinen Wurzeln und verbindet Dich mit dem Absoluten. Sie ist so intim, so persönlich wie die Liebe. Und so kostbar.

- ❀ **Lebenskunst**
- ❀ **Läuterung**
- ❀ **Lebenserfolg**

Bereits in der Antike zählte die MÄSSIGKEIT zu den vier Kardinaltugenden. Die meisten Tarot-Versionen zeigen ein Wesen, welches zwei Gefäße so hält, daß es zwischen diesen *fließt*. Das Opus magnum, das große Werk, besteht darin, zwei verschiedene Brennpunkte, zwei verschiedene Willen voneinander zu trennen und miteinander zu verschmelzen: Den eigenen Willen und den Willen »Gottes«. Ohne starken eigenen Willen kannst Du wenig bewegen. Ohne Vertrauen und Gehorsam gegenüber dem, was das Leben mit Dir vorhat, mit dem »Willen« der Schöpfung, der sich in der Summe aller Deiner Erfahrungen äußert, fehlen Dir Substanz und Bedeutung.

Manche Bildversionen erinnern an ein Fegefeuer oder an einen alchemistischen Wandlungsprozeß. Der einfache Wille wird zum *wahren Willen* transformiert. Alles, was Du willst und vorhast, aber auch alles, was sonst noch wirkt und für Dich wichtig ist, wird gleichsam in einen großen Feuerkessel geworfen. In diesem Hochofen setzt sich die Schlacke ab – die unfruchtbaren Wünsche. Das Edle wird freigeschmolzen und kann in immer wieder neue Formen gegossen werden. So ist dies auch die Karte des höheren Selbst und des wahren Willens.

Nimm die Widersprüche Deines Lebens in die Hand. Bestehende Fakten können eingeschmolzen und neu geschmiedet werden. Richte Dir eine »Kreativitätswerkstatt« ein: Einen Ort und eine Zeit im Tagesablauf, wo Du regelmäßig verweilst; einen Garten der kreativen Ideen; einen Raum, der Dich stets daran erinnert und dazu ermuntert, was Dir lieb und heilig ist. Begib Dich jetzt dorthin!

XV-Der Teufel

Andere Kartennamen: Diabolos; Der Gehörnte.

Das spontane Gefühl ist bei dieser Karte oftmals überfordert. Und das nicht ohne Grund. Laß Dich nicht verteufeln, und mache andere nicht zum Sündenbock. Gib dem Unbekannten einen Raum. Es ist wichtig, chaotische Gefühle und chaotische Geschehnisse anzuerkennen! Laß Dich auf unbekannte Erfahrungen ein, aber bleibe dem treu, halte fest und verteidige, was Dir lieb und heilig ist!

Der Teufel symbolisiert ein Stück ungestaltete Natur. Er verkörpert Dinge und Vorgänge, die zuvor unterschwellig vorhanden waren. Jetzt treten sie über die Schwelle.

Du erkennst eingefleischte Verhaltensweisen, mit denen Du Dir und anderen das Leben schwermachst. Sobald Du verstehst, mit welchen Mechanismen und Tricks Du Dir Knüppel zwischen die Beine wirfst, bist Du soweit, daß Du diese Verhaltensweisen auch beenden und loslassen kannst.

- **»Vampir«**
- **»Kellerkind«**
- **Tabuarbeit**

Auf einer ganz anderen Seite stellt sich hier eine Art *Kellerkind* dar. Ein ungestalteter Teil der eigenen Natur, nach dem Du schon lange Sehnsucht hast, den Du bisher nicht akzeptieren konntest, sondern wie eine Stiefmutter oder wie ein Stiefvater mißachtest hast.

Oft treten verschiedenartige Emotionen zugleich auf: Zum Beispiel Faszination und Ekel gleichzeitig. Dahinter steht die Sehnsucht nach dem »Kellerkind« und die Abwehr gegen jenen »Vampir«, der Lebensfreude und Lebenskraft raubt. Es braucht seine Zeit, bis das neue Unbekannte vertrauter wird und sich Freund und Feind genauer unterscheiden lassen. Sinnlose Tabus können und müssen dann abgeschafft, sinnvolle Tabus bestätigt oder eingerichtet werden!

Mache nicht den Bock zum Gärtner. Kultiviere das, worauf Du Bock hast. Nenne (drei) Beispiele für Deine Kraft, in unbekannten Situationen klarzukommen. Vertraue auf die Macht der Ehrlichkeit, und gestehe (Dir) bisher unausgesprochene Wünsche und Ängste ein! Was Du erlebst, ist auch eine Bewährungsprobe für die Liebe. Gib ihr eine neue Chance.

XVI-Der Turm

Andere Namen: La maison dieu (Das Haus Gottes / Gott als Heimat).

Thema der Karte ist neben und mit allen anderen Inhalten die »*Männlichkeit*«. Für Männer wie für Frauen symbolisiert DER TURM »phallische Kräfte«. Diese sind nicht an ein Körperorgan gebunden, sondern an den Umgang mit dem *Absoluten*, mit den höchsten und äußersten menschlichen Energien.

Der Heilige Geist, Blitze, das Auge Gottes, Feuerstürme und Feuerregen sind häufige Bildmotive, zeigen Himmelsfeuer und Höllenfeuer an. Zwei bestimmte Archetypen stehen hier Pate: Der Turmbau zu Babel und das Pfingstereignis. Der Turmbau zu Babel führt nicht nur zur Zerstörung des Turms, sondern auch zur »Babylonischen Sprachverwirrung«: Die Menschen verstehen einander nicht mehr. Das Pfingstereignis stellt gerade umgekehrt die Aufhebung der Sprach- und Verständigungsgrenzen dar.

- **Hochenergien**
- **Unmittelbarkeit**
- **Erfahrung des Absoluten**

Gewalt einerseits und Liebe andererseits sind die gegensätzlichen Pole im Umgang mit größten Energien. Liebe fördert die Fähigkeit, auf einem hohen Energieniveau zu leben, und sie schützt auch am besten gegen gewaltsame Zumutungen.

Die Karte warnt vor Überheblichkeit und Größenwahn. Übrigens auch vor mangelnder Standhaftigkeit. Du kannst Dich nicht länger verstecken. Es kann zu Erschütterungen kommen, doch da ist auch die (zwar durchdringende, aber sanfte) Ermutigung, persönliche Ein-Wände und Vor-Wände – Deinen Elfenbeinturm – aufzugeben, wenn die Zeit dafür reif ist!

Wie lebt man mit Hochenergien? Oft beginnt es mit einem Akt des Geschehenlassens und des Vertrauens. Für manche bedeutet es eine Erschütterung, sich auf sich selbst einzulassen. Für andere steht diese Erfahrung an, wenn sie sich einem anderen Menschen anvertrauen. Manchmal ist das Gewitter eines Streits, einer Trennung oder einer Kündigung angezeigt; manchmal das Feuerwerk persönlicher Höhepunkte in einer privaten oder beruflichen Hoch-Zeit. So oder so treten Ur-Energien in Dein Leben. Bist Du dafür bereit?

XVII-Der Stern

Kein anderer Name nennenswert verbreitet.

Die Karte des Selbstverständnisses: Du trägst, Du begreifst das Gefäß, das Du selber bist! Krüge und Kelche symbolisieren seelische Bedürfnisse, Wünsche und Ängste. So verstanden, trägt, erfaßt und begreift die Bildfigur eben diese. Zugleich besagt eine alte Vorstellung, daß der Mensch als ganzes ein Gefäß in der Hand Gottes sei – ein Gefäß, das sich im Laufe des Lebens füllt und leert, ein Gefäß, das den Anteil des einzelnen am großen Strom des Lebens symbolisiert.

- **Selbstverständnis**
- **Erleuchtung**
- **Schönheit**

Die große Entfernung von der Erde zu einem anderen Stern macht deutlich, daß es ein langer Weg sein kann und einen gehörigen Abstand erfordert, sich selbst zu verstehen und in größere Zusammenhänge einzuordnen. Als scheinbare Alternative bietet sich die Verehrung für Stars, für Berühmtheiten oder Autoritäten an; der Narzißmus kreist um das eigene Befinden und findet keine Ruhe; wieder andere sammeln Wissen, vermessen den eigenen Krug oder den Kosmos, ohne viel von sich und für sich zu verstehen.

Solange ein geeignetes Selbstverständnis fehlt, das ja nur daraus entsteht, daß man sich in dieser Welt selbst versteht, solange ist jedoch eine Übergangssituation, eine Phase der Suche und des Findens angezeigt, in der viele Sterne besucht, untersucht und wiederum zurückgelassen werden müssen, bis der eigene Stern gefunden ist.

Das Erlebnis der Erleuchtung: Zuerst ist da ein Funkeln in der Nacht, ein Lichtschein, eine Hoffnung, ein erster Anhaltspunkt. Wenn dann der Stern nicht nur in der Nacht aufscheint, sondern den Tag erhellt, dann hast Du zu Deinem inneren Wissen und zu Deiner Weisheit gefunden; Dein Licht leuchtet nicht länger im Verborgenen.

»Jedes Leben steht unter seinem eigenen Stern« (Hermann Hesse). Lebe Deine Brillanz und Deine Klarheit. Fürchte Dich nicht, wenn Dein bisheriges Selbstverständnis ins Wanken gerät. Wenn Dir Deine Schönheit und Deine Weisheit gegenwärtig nicht klar sind, dann beginne eine Wanderschaft, eine neue Reise zu den Sternen. Tip: Gehe heute nacht nach draußen und betrachte die Sterne!

XVIII-Der Mond

Kein anderer Name nennenswert verbreitet.

Die Himmelspforte: Eine weitgeöffnete Pforte und ein Weg sind auf den meisten Bildern zu sehen – ein Weg, der aus der Tiefe vorbei an Tieren in den Himmel führt (oder in umgekehrter Richtung verläuft). Häufig ist dabei die Höhe, der Übergang zwischen dem Mond und der Erde, mit vielen Strahlen und Tropfen betont.

Die Karte des kollektiven Unbewußten. Gefühle, Stimmungen und Einstellungen, die das Seelenleben von Generationen und ganzen Epochen geprägt haben, wirken sich aus. Lerne Deine Verbundenheit schätzen und genießen. Spüre Deine Rolle als Teil des großen Lebensstroms. Und schwimme Dich frei, wie ein Fisch im Wasser.

- **Große Gefühle**
- **Lebensplan**
- **Erlösung**

Es gibt »ozeanische« Gefühle – Bedürfnisse und Betroffenheiten, die wir nie ganz ausloten können. Und doch können wir Fassungsvermögen und Verständnis dafür gewinnen. Darauf kommt es für Dich jetzt an: Auf eine persönliche Einstellung, die nicht zuletzt Deine unbewußten Schritte und Deine unbewußte Lebensplanung berücksichtigt. Die unbewußte Lebensplanung erkennst Du daran, was in Deinem Leben geschieht, unabhängig davon, ob Du es beabsichtigt hast oder nicht. Auch ungeplante oder chaotische Entwicklungen zeigen Dir Richtungen an. Deine Bestimmung wird Dir klarer.

Wie in einer Vollmondnacht, kann es beunruhigend und aufwühlend sein, wenn Höhen und Tiefen, die sonst eher im Verborgenen schlummern, lebendig werden. Die große Verheißung dieser Karte ist die Aufhebung des vormals Verdrängten – die Verwandlung einer betörend-zerstörenden Seelentiefe in eine kunstvoll-erhebende Kultur der Seelenkräfte, die Verwandlung eines »trockenen« oder aber eines (sehn-) süchtigen Alltags in einen beschwingten Lebensgenuß mit Musenkuß!

Nimm die »großen Gefühle« als eine Realität, die gelebt sein will, wie alle anderen Aspekte der Wirklichkeit auch. Schau Dir möglichst viele Erfahrungen an, und berücksichtige sie alle. Mache Frieden mit »Gott« und der Welt. Tip: Ein guter Grund, zu schwimmen und zu tanzen!

XIX-Die Sonne

Kein anderer Name.

Fast alle Bildversionen zeigen ein Zwillingspaar, meist in Gestalt von zwei Kindern, manchmal auch als Kind und Pferd. Die Karte der zweiten Geburt!

Die »zweite Geburt« bedeutet, daß Du Dich als Erwachsene/r ein zweites Mal und diesmal selber gebierst. Nach der ersten Geburt, welche Dein jetziges Leben eröffnet, stellt die zweite Geburt eine selbstgewollte Lebensgestaltung dar, die nicht durch Gewohnheit und Routine, sondern durch eigene Entscheidung, freie Wahl und Bewußtsein geprägt ist. An die Stelle eines herkömmlichen Verhaltens und Denkens tritt ein selbstgewählter Lebensstil. An die zweite Geburt kann sich natürlich auch eine dritte, eine vierte und eine weitere anschließen. Schließlich geht es um eine tägliche Neugeburt. Aber die »zweite Geburt« ist die entscheidende, weil sie die erste Geburt des Bewußtseins ist! Sie wirkt wie ein Happy-end und ist doch ein Neubeginn: Sie öffnet den Weg in die Welt, wie kaum eine andere Erfahrung.

- ❀ **Zweite Geburt**
- ❀ **Heimkehr**
- ❀ **Schöpfungskraft**

In der Symbolik steht die SONNE für das allgemeine, kollektive Bewußtsein (etwa so, wie die Karte XVIII-DER MOND für das kollektive Unbewußte steht), mit dem man sich selbst im Einklang mit der Schöpfung und mit dem allgemeinen Bewußtsein der übrigen Menschen erfährt.

Gefahren dieser Karte sind Verdoppelungs- und Spaltungstendenzen im Bewußtsein (auch eine Seite der Zwillinge als Symbol), außerdem verschiedene unreife Versuche, als Erwachsener Kind zu sein – zum Beispiel als »Puer aeternus« (der ewige Junge) oder als der »Kleine Tyrann«. Die »zweite Geburt« ist in diesen Fällen um so dringender.

Finde den Platz, wo für Dich die Sonne scheint! Hüte und schütze Dich vor Blendwerk. Vertraue Dich dem Strom der Lebensenergie in Dir und um Dich herum an. »Liebe Gott, und tu, was du willst« (Augustinus).

XX-Gericht

Andere Namen: Das letzte Gericht; das jüngste Gericht; das Äon.

Die meisten Bildversionen knüpfen an die biblische Erzählung vom jüngsten Gericht an: Der Engel bläst die Posaune, die Gräber tun sich auf, und Tote werden wieder zum Leben erweckt.

Starke Energien wirken auf Dich ein, und starke Energien stehen Dir zur Verfügung. Wenn Du fragst, wie Du damit umgehen und Deine vielfältigen Aufgaben erfüllen, den zahlreichen Anforderungen gerecht werden wirst, so ist die Antwort darauf deutlich: Alle schlafenden Energien werden hier geweckt! Indem Du alle vorhandenen Energien aktivierst und im Brennpunkt des Augenblicks konzentrierst, passieren zwei Dinge zur gleichen Zeit: Du bleibst Dir treu, weil Du stets mit allen verfügbaren Energien lebst und handelst; und Du bist fähig, wirkliche Veränderungen in Deinem Leben herbeizuführen!

- **Offenbarung**
- **Wandlung**
- **In der Gegenwart sein**

Die Überlieferung vom Jüngsten Tag ist nicht nur ein religiöses Märchen. Wir dürfen die Geschichte wörtlich nehmen: *Der jüngste Tag ist heute!* Jeden Tag aufs neue geht es darum, wachzuwerden und alle Energien anzunehmen. Das bedeutet, Totes wirklich zu beerdigen und nicht weiterzutragen. Und es heißt, sich für die Geburt des noch Ungeborenen zu öffnen. Strecke die Arme aus, um Dich zu verabschieden oder um Dich zu versöhnen, und gehe Deinen Weg.

Die Schatten der Vergangenheit und die Schatten, welche die Zukunft vorauswirft, müssen durchgespielt und durchgearbeitet werden, bis Dich nichts daran hindert, ganz in der Gegenwart zu leben, *hier und jetzt präsent zu sein.*

Heute ist Dein Tag! Laß Dich nicht überwältigen. Alles ist wichtig, aber Du kannst wählen, wie Du mit allem umgehst. Eine Unterbrechung der täglichen Routine wirkt Wunder. Entwickle Leitbilder und Visionen, die den wirklichen Erfahrungen und Bedürfnissen gerecht werden! Dir stehen enorme Energiereserven zur Verfügung. Bringe sie alle ins Spiel!

XXI-Die Welt

Andere Bezeichnung der Karte: Das Universum.

Eine Tänzerin mit zwei Zauberstäben auf einer Weltkugel und/oder in einem großen Lorbeerkranz ist das häufigste Bildmotiv bei dieser Karte.

Da die Karte DIE WELT heißt und zugleich eine Frauenfigur zeigt, ergibt sich folgender Zusammenhang: Für Männer ist es wichtig, sich in der Frau zu erkennen, um die Welt zu verstehen. Und: Die Frau muß sich in der Welt erkennen, um sich selbst zu verstehen!

Totenkranz, Siegerkranz, alle Ecken der Welt, die vielen Windungen und Wendungen des Lebensweges, alles ist in dieser Karte enthalten. Dies alles gilt es nun zu verbinden und auf einen Nenner zu bringen. Der Nenner lautet: Lebensaufgabe!

❀ Welterfahrung
❀ Lebensaufgaben
❀ Auf der Höhe der Zeit

Die richtigen Lebensaufgaben erkennst Du daran, daß Du eine ganze Lebensspanne benötigst, um sie zu erfüllen, und daß alle wesentlichen Talente von Dir dabei gefordert werden. Die richtigen Lebensaufgaben sind auch die Antwort auf die Frage, was für Dich persönlich in diesem Leben wirklich zählt. Auf der anderen Seite stellt gerade die Suche nach dieser Antwort Deine wichtigste Lebensaufgabe dar. Die Einsicht in Inhalt und Art der Lebensaufgabe(n) wandelt sich; vielleicht ziehst Du deshalb jetzt diese Karte. So jedenfalls bist und bleibst Du *auf der Höhe der Zeit!*

Die Karte warnt andererseits vor einem Kreislauf der Wiederholungen. Du drehst und wendest Dich und siehst scheinbar keinen Ausweg. Du fühlst Dich vielleicht wie in einer Tretmühle. Dann ermuntert Dich die Karte zum »Mut zur Lücke«. Stärke Deine Individualität. Und finde (neu) zu Deiner Rolle und Deinen Aufgaben in der Welt.

Wirf Ballast ab, und befreie Dich aus unnötigen Verpflichtungen. Bringe Deine aktuellen Fragen mit Deinen Lebenszielen in Verbindung. Finde heraus, welchen Beitrag Du heute zur Klärung Deiner Lebensaufgaben leisten kannst. Tip: Meditiere heute.

XXII-Der Narr

Kein anderer Name.

Der *Narr* verkörpert das *Genuine,* das »Eingeborene«, das Ursprüngliche, das in Dir steckt und Dich unverwechselbar macht. Manchmal symbolisiert er die romantische Sehnsucht nach einem *Urzustand.* Und so kann er auch den Träumer, einen Taugenichts in guten oder schlimmen Bedeutungen darstellen. Auf Dauer jedenfalls gibt es einen *Urzustand* nicht als Rückkehr, sondern nur als Weg vorwärts; nicht als Verlust, sondern als Herstellung eines Bewußtseins, dem wieder *alle Möglichkeiten offen* stehen!

- **Ursprung**
- **Summe der Möglichkeiten**
- **Wunschlos glücklich**

Die Karte markiert einen *Nullpunkt* und einen *vollendeten Kreis:* Anfang und Ende von allem, was Deine Person ausmacht. Die Null warnt vor einem Nichts, vor einem Leben nach der Devise »außer Spesen nichts gewesen«! Aber sie ist auch Symbol des inneren Zentrums, wie die Null in der Mitte eines Koordinatensystems. So vertritt der »Narr« zwei unterschiedliche Versionen davon, *wunschlos glücklich* zu sein. »Wunschlos glücklich« ist möglicherweise, wer die eigenen Wünsche nicht kennt und an ihnen vorbeiläuft. Eine völlig andere Art der Wunschlosigkeit entsteht aus der Erfüllung wichtiger Wünsche und aus der Aufhebung plagender Ängste. Dich darum zu kümmern, ist jetzt Tagesaufgabe.

Als »Narr« bist Du frei für Experimente und frei, daraus zu lernen. Frei, Antworten nicht zu kennen oder Deine Position zu ändern, Deiner Originalität und der Welt zu vertrauen.

Laß Dich nicht verrückt machen. Es ist närrisch, sich über Ereignisse oder Konsequenzen Gedanken zu machen, die jetzt, im gegebenen Augenblick, einfach nicht beurteilt werden können.

Denke ein Jahr zurück, zehn Jahre zurück und an Deine Jugendzeit: Was waren Deine ursprünglichen Ziele? Gehe zu Deinen Wurzeln, Du findest dort eine neue Aufgabe. Sei nicht zu streng mit Dir und der Welt. Schenke jemandem Deine Liebe, und laß andere an Dich heran. Die Aufhebung Deiner Wünsche und Ängste aber ist das A und O.

Stäbe

Königin der Stäbe

Meisterlicher Umgang mit dem Feuerelement – spontan, beginnend und grundlegend.

Lebensfreude und Selbst-Bestimmung. Deine aktuellen Fragen erfordern einen souveränen Umgang mit den Feuerkräften im gesamten. Nicht nur ein einzelner Aspekt im Bereich von Willen und Tatkraft ist hier gefragt. Sondern Deine Meisterschaft als Energiewesen.

Sehr viele Bildversionen dieser Karte zeigen eine Katze. Unabhängigkeit und Eigenwilligkeit, kurz, die Fähigkeit zur *Selbstbestimmung* werden damit symbolisiert. Darüber hinaus bedeuten die »sieben Leben einer Katze« eine besondere Selbsterhaltungskraft. Auch daraus speist sich die lust- und würdevolle Souveränität dieser KÖNIGIN: Ihr gelingt es, in den Wechselfällen des Lebens immer wieder »auf die Füße zu fallen«.

- **Charakter**
- **Selbstbestimmung**
- **Lebenskraft**

Die *Lebensfreude* ist das angestammte Reich der STAB-KÖNIGIN. Dabei kennt sie *Lebensängste,* deren Aufhebung ihr Bewußtsein und ihre Charakterstärke festigen. Hier geht es um die Fähigkeit, auch in scheinbar ausweglosen Situationen der schöpferischen Kraft zu vertrauen. Eine solche Unmittelbarkeit zur Schöpfung drückt sich etwa im Märchen als die Fähigkeit aus, »Stroh zu Gold zu spinnen«, was auch eine Umschreibung des alchemistischen *Großen Werks* ist – und Deine aktuellen Aufgaben benennt.

Laß die Katze aus dem Sack! Zeig', was in Dir steckt! Verlaß dich auf Deine Schöpferkraft und auf die Fähigkeit, zur richtigen Zeit einzugreifen und die Dinge in Bewegung zu setzen. Vielen ängstlichen oder nur vorsichtigen Menschen kannst Du eine wichtige Hilfe sein. Deine Fähigkeit, Bewegungen zu starten, ist ein besonderes Talent. Du besitzt und du brauchst Ziele, die sich wirklich lohnen, die Deine höchsten Ideale und Deine tiefsten Energien herausfordern. Danach entscheide Dich auch in Deinen jetzigen Fragen! Tip: Rufe Dir in Erinnerung, wie es Dir in früheren Fällen gelang, aus dem scheinbaren Nichts etwas zu schaffen.

König (Prinz) der Stäbe

Meisterhafter Umgang mit den Feuerenergien – gründlich, komplex und konzentriert.

Kraftprobe und Willensbildung. Im Feuer verschmelzen viele einzelne Bestrebungen zu einem vereinten, einheitlichen Willen. Und nur im Feuer trennt sich das Edle von der Schlacke. Feuerproben bezeichnen auch den Transformationsprozeß, in dem sich der unvermeidliche Gegensatz zwischen Wunsch und Wirklichkeit, zwischen Lust und Pflicht immer wieder neu stellt und neu beantwortet wird.

Laß Dich herausfordern und bewähre Dich! Begrabe sinnlose Eitelkeiten und zeig' Deine Kraft! Die Energien dieses KÖNIG (PRINZ) benötigst Du, wenn es darum geht, scheinbar überwältigenden Ereignissen standzuhalten. Lerne gesunden Streß von ungesunden Belastungen zu unterscheiden. Ungesunder Streß zerstreut und lähmt. Eine gesunde Anspannung zentriert und beschleunigt.

- ❀ **Energiearbeit**
- ❀ **Willensbildung**
- ❀ **Selbstbehauptung**

Auch hölzernen Aggressionen und einem hehren Draufgängertum trittst Du am besten entgegen, wenn Du ganz und gar für Deine Herzensziele durchs Feuer gehst.

Was auf den ersten Blick riesig und überwältigend aussieht, wird sich im Laufe der Zeit als klein und letztlich als problemlos für Dich herausstellen. Du mußt nur warten, bis die Zeit dafür reif ist, und Deinen Witz zur Geltung bringen. Wie der »Gestiefelte Kater« im Märchen, der den riesigen Zauberer erst bittet, sich in eine kleine Maus zu verwandeln, um ihn dann zu fangen und zu vertilgen.

Nenne Beispiele dafür, daß Du bereit bist, für Deine Herzenswünsche wirklich alles zu tun. Kümmere Dich um eine gute Selbstdarstellung – und um Menschen in Not. Die große Herausforderung: Ganz verschiedene Lebensziele – wie zum Beispiel ein emanzipiertes, sexuell aktives und künstlerisches Leben, Karriere und Familie – zusammen zu verwirklichen und gleichzeitig zu leben! Greif zu, zieh Dich im entscheidenden Augenblick nicht zurück!

Ritter der Stäbe

Souveräner Umgang mit dem Feuerelement – weitreichend, konsequent, komplett.

Lebensreise als Abenteuer. Feuerproben bewirken eine *Läuterung:* Der einfache oder spontane Willen (was Du Dir vorgestellt und in den Kopf gesetzt hast) mausert sich zum wahren Willen (was das Leben mit Dir vorhat und was Du in Deinem Leben vor Dir hast, auch wenn Dir dies noch nicht ganz bewußt ist).

Wer viel Feuer hat, ist nicht nur besonders mutig, wild, wüst oder lustig; er oder sie ist vielleicht auch besonders müde, schüchtern, vorsichtig oder irritierbar. »Gebranntes Kind scheut das Feuer«. Enthusiasmus und Resignation können zwei Seiten einer Medaille sein. Hintergrund ist dann der Idealismus, ein abenteuerliches Wunschdenken, das den RITTER mitunter auszeichnet. Du siehst mehr, als Du weißt! Erweitere Deine Wahrnehmung, folge Deiner Intuition – der beste Schutz vor Illusionen und Projektionen. Selbst frühere Brandwunden werden dann heilen.

❀ Lebensziele
❀ Läuterung
❀ Selbstverwirklichung

Gehe aus Dir heraus, bringe Dein Inneres nach außen, nicht ohne Rücksicht auf Verluste, aber ohne Rücksicht auf bestimmte Vor-Erwartungen oder Vor-Urteile. Bleibe in Bewegung. Denn nur in der Aktion kommst Du Deinen Zielen näher. Personen und Ereignisse werden Dir in ihrer Bedeutung klar, wenn etwas *geschieht.* Damit Du Dir nicht die Finger und anderes mehr versengst, bist Du auf ein besonderes Reaktionsvermögen angewiesen.

Wo es am dunkelsten ist, wird Dein Licht am meisten gebraucht. Dort findest Du *geeignete Lebensaufgaben*, die so groß sind, daß sie all Deine Kräfte entfalten und zuspitzen.

In Dir stecken enorme Energien. Bring' damit Licht ins Dunkle, hilf Schwächeren, und mach Dich stark für sinnvolle Projekte, die vielen Menschen echten Nutzen bringen! Handle selbständig und feinfühlig! Deute Deine Wunschträume: Nimm sie ernst, aber befrage und deute sie! Verstehe, was Dich im tiefsten Herzen bewegt. Tip: Zünde heute (zehn) Kerzen an. Jede für eine der kommenden Wochen. Widme jede Kerze einem besonderen Anliegen.

Page/Bube/Prinzessin der Stäbe

Souveräner Umgang mit dem Feuerelement – experimentierend, spielerisch, leicht.

Jugendlichkeit – Frühlingsgefühle. Der Trieb ist größer als die Erfahrung. Tatendrang und Wachstumslust stellen Dich vor die Aufgabe, über Dich hinauszuwachsen. Im Vergleich zu dem, was Du vorhast, ist die Lebenserfahrung relativ gering. Aber gerade das ist ein Merkmal Deiner Jugendlichkeit.

Trieblust und Angst vor den Trieben: Verschwende Deine Zeit nicht mit hohlen Sprüchen oder lieblosen Spielereien. Spiele bewußt mit dem Feuer, das heißt, probiere Deine Kräfte aus, entdecke die Möglichkeiten und bring' Deine Begeisterung, Deine Lebensfreude, Deine Triebkraft mit Witz und Würde ins Spiel.

- **Wachstumsschub**
- **Trieblust**
- **Tatendrang**

»Und jedem Anfang wohnt ein Zauber inne, der uns beschützt und der uns hilft zu leben ...« (Hermann Hesse). Hüte und schütze Dich vor ahnungsloser Untätigkeit und vor schwärmerischem Eifer. Wie Du einst die Welt betreten hast, voller Lebenswillen, instinktiven Wachstumsdrangs und selbstverständlicher Triebkraft, so liegt es nun an Dir, auch Dein jetziges Leben hingebungsvoll zu entdecken und jeden Erfolg oder Mißerfolg, jedes Ereignis als neue Erfahrung zu begrüßen.

Begreife Energien, die größer sind als Du. Hüte und schütze Dich vor Engherzigkeit. Halte Dich an das, was Dein Herz in Schwung hält!

»Wer viel gewachsen ist, ist auch sehr alt geworden. Nur wenn man Feuerproben bejaht und als innere Reinigung erlebt, kann man alt an Erfahrung und an Jahren werden, ohne alt im Herzen oder alt im Kopf zu werden. Man muß sich würdigen Zielen bewußt weihen« (Susanne Peymann). Erinnere Dich an Beispiele aus der letzten Zeit, die belegen, daß Du ganz Feuer und Flamme sein kannst!

As der Stäbe

Wurzel und Krone des Feuerelements.

Vom Gefühl her stellt sich nicht immer eine starke Beziehung zu dieser Karte her. Aber das kann gerade das Thema sein: Erinnern wir uns an das Märchen vom »Tischlein deck dich, Goldesel streck dich, Knüppel aus dem Sack«. Ohne jenen Knüppel und die Fähigkeit, gleichsam die Katze aus dem Sack zu lassen, die eigenen Interessen buchstäblich zu ent-decken und durchzusetzen, führen selbst die schönsten Errungenschaften nicht zu Glück und Zufriedenheit. Ohne diesen Stab oder auch Hexenbesen machen die Meckerziege und der mißgünstige Wirt, was sie wollen.

- ❀ **Tatkraft**
- ❀ **Triebenergie**
- ❀ **Willen**

Feuer schenkt Dir die Flamme der Begeisterung, die Farbe der Lebendigkeit und die Dynamik des Willens. Mit dem As der Stäbe bieten sich die Aufgabe, aber auch die Chance, das Feuer noch einmal neu zu entdecken und in die Hand zu nehmen. Der Wille zu Dir selbst und die Lust, über Dich hinauszuwachsen, stellen die beiden Pole eines Feuerstabs dar. Trage dazu bei, daß menschliche Kälte, Farblosigkeit und »tote Hosen« ebenso in ihre Schranken verwiesen werden, wie die ohnmächtigen und gewaltsamen Feuerkräfte, die über die Erde irrlichten.

Kreativität, erlebte Lust, die Gemeinschaft mit Kindern und Alten (auch mit dem Inneren Kind und der/m inneren Weisen Alten) fördern die kunstvolle Nutzung des Feuers. Laß Dir von niemand das Gesetz des Handelns aufzwingen. Du hast ein »As« in der Hand.

Ein Clou der Feuerenergien liegt darin, daß sie sich erneuern, indem sie verbrennen. »Der Himmel kennt keine Grenzen.«

Geh aufs Ganze! Überwinde unnötige Hemmungen und haltlose Aggressionen. Entdecke die Kraft der Schöpfung, die in Dir und durch Dich wirkt, die in Deine Hand gegeben ist und von der Du gleichzeitig ein kleiner Teil bist. Entdecke Deine Möglichkeiten, Deine schöpferische Macht, den Willen in Dir und Deine Lebensziele. Tip: Zünde heute ein Feuer an!

Zwei Stäbe

Gegensätze und Ergänzungen im Bereich der Triebe und Taten.

Zwei Flammen brennen in Deinem Leben. Dabei geht es um Grundenergien, um zwei grundsätzliche Triebe, die zwar auf einen Nenner zu bringen sind, deren richtige Handhabung jedoch Mühe macht. Der Widerspruch kann sich auf eher kurzfristige Interessen und Absichten beziehen, so wie man im Alltag zwei Aufgaben gleichzeitig erfüllen möchte.

Es können auch massivere Grundkonflikte sein, wie wenn man zwei Menschen gleichzeitig liebt oder etwa den Konflikt zwischen Familie und Karriere verspürt. Die Botschaft dieser Karte lautet: Es gibt eine sinnvolle Lösung. Es ist möglich, auch riesige Konflikte zu meistern. Auf einen groben Klotz gehört ein grober Keil. Wie auch immer die Lösung im Ergebnis aussieht, sie hat mit einer »alchemistischen Wandlung« vom Groben zum Feinen zu tun: Das zunächst riesige Problem gilt es, in kleine, handhabbare Stücke aufzuteilen. Das ist besser, als »auf die Schlange zu starren«, und besser als ein fauler Kompromiß!

- **Vertrauen in die eigene Kraft**
- **Konfliktlösung**
- **Den richtigen Anfang finden**

Große Aufgaben fordern Dich heraus! Behandle Konflikte ebenfalls wie praktische Aufgaben. Laß Dich nicht in eine Zwickmühle treiben. Versuche nicht, anderen Deinen Willen aufzuzwingen, und laß Dir selber nichts diktieren. Untersuche die gegebenen Notwendigkeiten.

Vermeide Stückwerk und Halbherzigkeiten. Der Erfolg hängt davon ab, daß Dein Wille und Deine Begeisterung ungebrochen sind! Dabei zählen Vertrauen in die eigene Kraft, Entschlossenheit und Beherrschtheit.

Der Ball liegt bei Dir. Warte, bis sich Deine Sicht der Dinge rundet und bis Dein Entschluß feststeht. Wenn Du soweit bist, zögere nicht länger, bringe Deinen Ball ins Spiel! Handle mit ganzer Macht. Tip: Sorge für eine gute Durchblutung! Du mußt Dich bewegen, damit Du weißt, was zu tun ist!

Drei Stäbe

Grundproblem oder grundlegende Lösung im Bereich der Triebe und Taten.

Die Kraft der Begeisterung. Stärken und Schwächen dieser sonnig-feurigen Karte hängen davon ab, inwieweit Schattenseiten erkannt oder verdrängt werden. Solange Schatten und Finsternis nicht das Licht der Sonne gesehen haben, besteht die Gefahr der Bewußtseinsspaltung nach dem Motto »Denn sie wissen nicht, was sie tun«.

Man läßt sich leicht blenden oder versucht selber, als »blendende Erscheinung« zu manipulieren. Ahnungslosigkeit und Harmlosigkeit können zu einem »sonnigen Gemüt« ohne Tiefgang gehören; ein Gefühl der Ausweglosigkeit und der Hilflosigkeit mag sich einstellen, wenn Schattenseiten oder Abgründe einem dann doch begegnen. Besonnenheit aber ist Deine Fähigkeit der bewußten, kreativen Schöpfung.

- **Begeisterung**
- **Pioniertaten**
- **Besonnenheit**

Halte Ausschau nach neuen Lösungswegen! Suche Besonnenheit, auch und gerade wenn Du Dich mit Entschlossenheit engagierst. Bewußtheit in und bei Deinen Aktionen ist der springende Punkt. »Wenn Du weißt, was Du tust, kannst Du tun, was Du willst« (Moshé Feldenkrais).

Bleibe geduldig und fest in Deinem Willen. Setze Dich für Deine Sache ein, beginne, auch wenn andere noch nicht anfangen. Wenn Du Dich ganz hineingibst, wirst Du andere »anstecken« und mitziehen. Zeige Deine Krallen, wenn es sein muß, und schnurre vor Behaglichkeit, wenn die Lebenskraft Dich durchfließt und durchwärmt.

Bevorzuge solche Lösungen, bei denen Konflikte nicht verschlimmert, sondern aufgehoben werden. »Even the bad times are good« – sogar schlechte Zeiten sind gute Zeiten, wenn Du die Sonne in Deinem Herzen trägst!

Vier Stäbe

(Vollendete) Gefahren oder Chancen im Bereich der Triebe und Taten.

Kraftort – einen solchen finden wir nicht nur an bestimmten Naturschauplätzen oder magischen Stätten. Kraftzentren finden wir überall, wo große Energien und große Erwartungen in der einen oder anderen Weise aufeinandertreffen. Erschrecke nicht vor widersprüchlichen Erfordernissen des Augenblicks. Fasse den Mut, Grenzen zu überwinden und Widersprüche nicht nur zu meistern, sondern in ihnen neue kreative Möglichkeiten zu entdecken.

Gefahren der Übertreibung und der hochgespielten Konflikte: Vier Stäbe können zeigen, wie sich ungelöste Probleme summieren oder potenzieren. Ehe diese Widersprüche eskalieren, ist es angesagt, zu den Wurzeln zurückzukehren, Ziele zu analysieren und vitale Bedürfnisse zu befriedigen.

Vier Stäbe, die sich im positiven Sinne ergänzen, gleichen einem Vierzylindermotor. Er läuft relativ rund und sorgt für eine kontinuierliche Bewegung. In gleicher Weise müssen die vier Zylinder der persönlichen Feuerenergien zusammenwirken, damit Deine Lebensenergie gut fließt und Dein »Motor« rund läuft. Die vier verschiedenen Qualitäten im Bereich der Stäbe aber sind folgende: Der bewußte Wille (ich will es und ich tu es); der unbewußte Wille (ich will es nicht, doch ich tue es); der bewußte Nichtwille (ich will es nicht und ich tue es nicht) und schließlich der unbewußte Nichtwille (ich will es zwar, aber ich tue es nicht). Wenn diese vier »Brennkammern« funktionieren und sich gegenseitig ergänzen, entsteht die starke, besondere Energie, die einen Kraftort von andern Plätzen unterscheidet. Ob jeder der Beteiligten sich in seiner *Ganzheit* entfalten kann, ist in der aktuellen Situation ein wichtiger Maßstab!

- **Verstärkte Widersprüche**
- **Quadratur des Kreises**
- **Das Auge des Tigers**

Gehe für Dich selber keine Kompromisse ein, wenn es um Grundüberzeugungen und persönliche Wahrheiten geht! Nenne (vier) Beispiele für Deine Fähigkeit, auch ohne Rückendeckung und ohne Vorbild zu handeln, wenn es darum geht, authentisch, das heißt, wahr und echt zu sein – und zu bleiben.

Fünf Stäbe

Vielseitigkeit und Konzentration der Triebe und Taten.

Die Quintessenz des Feuerelements ist der *Wille*. Was Du willst und was andere wollen, steht nicht einfach fest, sondern ist permanent in Bewegung. Viele Flammen brennen, und der persönliche Wille bildet sich immer wieder neu. Das hält Dein Feuer – und Dich selber – lebendig. Es ist gut, wenn Triebe und Energien miteinander ringen und darum wetteifern, wo es im Moment langgehen soll.

Begeisterung, Streit, Lüste, Pflichten – Wettstreit von Interessen und Absichten, innerhalb und außerhalb von Dir – verzettele Dich nicht, sondern achte auf Deine Mitte. Bündele die Energien, nutze sie ... und spiele mit ihnen mit! »Der Mensch spielt nur, wo er in voller Bedeutung des Wortes Mensch ist, und er ist nur da ganz Mensch, wo er spielt« (Friedrich Schiller).

- **Kraftanstrengung**
- **Bewußtes Spiel**
- **Willensbildung**

Nimm Deine aktuellen Aufgaben als Bewährungsproben für Deine Entschlossenheit und für Deine Willensstärke. Es wäre allerdings wenig hilfreich, Erfolge nur daran zu messen, ob sich einmal ausgedachte Vorstellungen auch verwirklichen lassen. Der Lauf der Dinge zeigt, was das Leben »will«.

Diese Impulse zu verstehen, ist nicht immer leicht. Doch sie aufzugreifen, bringt sehr viel. Das Spiel der Kräfte entfaltet die inneren Motive und Absichten der Beteiligten. Es ist Deine Chance und Deine Aufgabe, den vorhandenen Energien – bewußten wie unbewußten – eine sinnvolle Richtung zu weisen. Dadurch erzielst Du möglicherweise andere Erfolge, als Du Dir einst vorgestellt hast; aber diese Erfolge werden größer, vielfältiger und dauerhafter sein.

Kombiniere die vorhandenen Energien und Kräfte, und fasse sie zusammen! Beziehe andere in Deine Vorhaben, in Vorbereitung und Durchführung mit ein! Tip: Spiele Mikado. Wirf ein I-Ging. Oder ziehe fünf Tage lang eine Tarot-Karte, jeweils eine. Errechne dann die Quersumme dieser fünf Karten (wie – siehe Seite 34), und nimm die daraus folgende Tarot-Karte als Spiegel für den aktuellen Schnittpunkt, das gegenwärtige Zentrum des Feuers in Dir!

Sechs Stäbe

Komplizierte Widersprüche oder komplexe Lösungen für Triebe und Taten.

Die Kunst, »gut drauf« zu sein: Deine optimale Kraft entfaltest Du, wenn Du Stärken und Schwächen gemeinsam ins Feld führst. Eine runde Sache, wenn Du die unterschiedlichsten Bestrebungen zulassen und an ihrem richtigen Platz einsetzen kannst. So wirst und bleibst Du der Spielleiter oder die Regisseurin in Deinem Leben.

Vertritt, was Dich innerlich bewegt, und setze Dich ganz dafür ein. Hüte und schütze Dich vor einem falschen Heldentum, das von Schwächen nichts wissen möchte. Ebenso vor einer falschen Schüchternheit oder unangebrachten Bescheidenheit, die von den eigenen Stärken nichts erwartet.

Laß Dich nicht bedrücken, und setze auch Du andere nicht unter Druck! Folge dem, wofür Du eine *Schwäche* besitzt, und tritt für Deine Überzeugungen ein. Dann bist Du wie ein Lauffeuer: Nicht aufzuhalten!

- **Komplexe Energien**
- **Lauffeuer**
- **Gutes Gelingen**

Verstehe, was Dich und andere bewegt, und setze dies in gemeinsamen Projekten um. Laß Dich von anderen in ihrer Begeisterung anstecken, und bringe selber andere in Bewegung. Dabei bist Du am unwiderstehlichsten, wenn Du aus Dir heraus handelst, weder übertreibst noch untertreibst.

Die Lage stellt sich kompliziert dar, wenn Du von vielen Energien nur einzelne berücksichtigst. Oder wenn Du quasi viele Stäbe auf einen Haufen wirfst, ohne diese zu sortieren. Möglicherweise entwickeln sich die Dinge ganz anders, als Du sie Dir vorgestellt hast. Doch weder Chaos ist angesagt, noch eine krampfhafte Verteidigung Deiner Vorstellungen. Dein Wille wächst und erweitert sich. Die Zusammenarbeit mit allem, was das Leben Dir schickt und schenkt, entwickelt sich. Nimm »Zufälle« und Gleichzeitigkeiten bewußt wahr. Schau, was sie Dir zu sagen haben. Und handle danach.

Tip: Führe (sechs) Beispiele an, daß Du eigene und fremde Bestrebungen, Stärken und Schwächen, gewollte und ungewollte Ereignisse unter einen Hut bringen kannst! Denn darauf kommt es auch jetzt wieder an!

Sieben Stäbe

Rätsel, Zuspitzungen und Verwandlungen im Bereich der Triebe und Taten.

Die Karte der *Kundalini*-Kraft, der Schlangenkraft oder der entfalteten Trieb- und Lebensenergien. Stell Dir einen Sportler oder eine Künstlerin vor, der oder die viele einzelne Bewegungsabläufe über einen langen Zeitraum gelernt hat. Eines Tages kommt der Moment, wo die einzelnen Bewegungsabläufe zu einer großen neuen Bewegung zusammengesetzt werden; damit werden Kunststücke und Leistungen möglich, die über den Rahmen des bisher Selbstverständlichen und überhaupt Machbaren weit hinausgehen. An eben solch einem Punkt stehst Du!

Aktionismus und Ehrgeiz schaden dabei. Entscheidend ist ein neues Niveau, ein »ausgeschlafener« Stil im Einsatz der Kräfte. Ziel und Lohn: Du erreichst mehr, während Du (Dich) weniger verschleißt. Das hört sich fantastisch an, und es *ist* es! Und doch ist es nichts Unerfindliches, die Erklärung liegt auf der Hand:

- **Triebentfaltung**
- **Energieumwandlung**
- **Neues Niveau**

So wie wir als Erwachsene manche Aufgaben mit einer Selbstverständlichkeit beherrschen, die uns als Kind unvorstellbar gewesen wäre, genauso erreichen wir eine Souveränität in der Bewältigung von großen Aufgaben und starken Energien. Wir müssen nur, auch hier, unsere Lektion lernen.

Definiere ein neues Aktionsfeld, einen neuen Handlungsrahmen. Überwinde Mutlosigkeit und blinden Eifer. Spitze (Deine) Kräfte zu. Entspanne Dich, um Dich zu konzentrieren.

Jeder Versuch, die Dinge zu manipulieren, um dadurch den eigenen Willen »durchzudrücken«, ist überflüssig, ja, sogar hinderlich.

Konzentriere alle spürbaren Energien, handle damit, ohne Dich auf ein bestimmtes Ergebnis zu fixieren. Tip: Mach Dir eine Liste mit den (sieben) wichtigsten Wünschen oder Aufgaben (das soll spontan vor sich gehen; nimm dazu nicht mehr als zwei Minuten) – die Auflösung dazu steht auf S. 153 f.

Acht Stäbe

Vielfältige Hindernisse oder Unterstützungen im Bereich der Triebe und Taten.

Erhöhter Energieumsatz. Bekenne Farbe und verwirkliche den Zauber, der in Dir steckt! Auf vielen Ebenen gleichzeitig kannst Du nun Erfolge und Erfahrungen sammeln. Du gewinnst vielfältige Unterstützung. Hier geht es um den Austausch mit einem großen Energiefeld (im Privatleben, im Beruf usw.).

Die Karte steht für erfolgreiche »Energieübertragungen«, für die Fähigkeit, andere zu bewegen sowie sich selbst bewegen zu lassen. Aber zugleich ist dies auch die Karte der Projektionen und der Gaukeleien. Projektionen sind eine gesteigerte Form des Wunschdenkens. Man verlagert innere Regungen und persönliche Motive nach außen – die eigenen Gefühle und Bedürfnisse begegnen einem scheinbar von außen, wie Geister oder als scheinbar objektive Sachverhalte. Das spielt sich nicht nur im Kopf, im Bauch oder im Gefühl ab; es geht um Wirkungen, die oft schwer in Worte zu fassen sind, weil sie direkt und ganzheitlich – eben energiemäßig, intuitiv ablaufen.

- **Reaktionsvermögen**
- **Schnelligkeit**
- **Lauterkeit**

Aufgabe und Lösung bestehen darin, zu wachsen: An Einsicht und an persönlicher Größe zuzulegen. Du brauchst einfach (noch) mehr Lauterkeit! Das größte Opfer Deiner Projektionen, wenn es denn solche gibt, bist natürlich Du. Was nützt es, wenn Du immer mehr erreichst, solange Du Dir in Wirklichkeit über Deine Ziele und Motive etwas vormachst?! Verfeinere Deine Wahrnehmungen und Deine Ausdrucksmöglichkeiten. Wie man Träume deutet, so mußt Du Motive und Visionen interpretieren: Was bedeuten sie für Dich? Was willst Du mit Deinen Aktionen und Erfolgen für Dich letztendlich erreichen?

Sorge für einen guten Energiefluß und gute »Schwingungen«, im Umgang mit Dir selber und mit anderen. Mache Dir bewußt, was Dich und andere wirklich bewegt! Dann wirst Du ohne jede Manipulation viele Interessen unter einen Hut und viele Energien in Bewegung bringen!

Neun Stäbe

Krise oder Reifephase im Bereich der Triebe und Taten.

Wahrnehmungsvermögen. Erhöhe Deine Kraft, mit wachen Sinnen zu erfassen, was *geschieht,* und darauf angemessen zu reagieren. Deine Wahrnehmungen sind der Schlüssel für Deine aktuellen Fragen. Beispielsweise muß, was Du siehst und was Du hörst, nicht unbedingt übereinstimmen; solche Abweichungen offenbaren wichtige Einsichten. Achte auch auf sprachlose Vorgänge, auf Gesten, Mienen, Geräusche usw.

Nach einem Streit oder einer besonders glücklichen Feier, in intimer Runde oder in einer Massenveranstaltung – jedes Mal liegt eine bestimmte Energie in der Luft, die nicht sichtbar, aber dennoch förmlich mit Händen zu greifen ist. In diesen besonderen Situationen fällt es uns jedoch nur leichter, vorhandene Energie- oder Spannungszustände wahrzunehmen. Deine Chance und Deine Aufgabe ist es, diese möglichst immer mitzubekommen.

❀ Intuition
❀ Wahrnehmung
❀ Realitätssinn

Ohne dies wäre es schwierig, zwischen Traum und Wirklichkeit eine Grenze zu ziehen. *Gelebte Träume* können wunderbare Träume sein (wenn man damit erreicht, daß Wunschträume erfüllt und Angstträume erledigt werden). Aber es gibt *gelebte Träume,* die nicht von Wundern, sondern von Wunden herrühren; sie ersetzen den Realitätssinn und sind wie ein fester oder hartnäckiger Schlaf, wie eine Nacht oder ein Film, der auch am Tage, auch im Wachzustand nicht endet.

Es braucht mehr als eine Willensentscheidung oder Kraftanstrengung, um aus einem solchen *Film* auszusteigen. Den »Film« abzuschalten und die wirklichen Wünsche zu erkennen, bedeutet, blinde Flecken aufzudecken, die Schuppen von den Augen zu nehmen und Einbildungen loszulassen. Halte Dich an überprüfbare Wahrnehmungen und an *alle* vorhandenen Erfahrungen.

Deine aktuellen Lösungen hängen damit zusammen, lebendiger zu leben und mehr vom Leben mitzubekommen. Beflügele Deine Sinne! Deine Träume kannst Du nicht im Traum verwirklichen.

Zehn Stäbe

Die Totalität aller Feuerenergien.

Abenteuer. Setze nicht »viele«, sondern *alle* Energien ein! Dies ist die Karte der Abenteuer und interessanterweise zugleich die Karte des Nach-Hause-Kommens. Auch in der Sprache ist dieser Zusammenhang erhalten: Abenteuer (adventure) hat das Wort Advent (Ankunft) zur Wurzel. *Abenteuer heißt Ankunft.*

Damit hat es auch folgende Bewandtnis: Heimat ist weniger ein Ort, Heimat ist vielmehr ein Energiezustand. Das größte Abenteuer besteht darin, sich allen Lebensenergien zu öffnen. Das ist eine umfassende Zuneigung zu allem, was lebt. Wo wir uns möglichst allseitig betätigen und verwirklichen können, da haben wir Heimat.

- **Aufhebung von Hindernissen**
- **Selbstverwirklichung**
- **Lebensfülle**

Um alle Kräfte einzusetzen, muß man alle vorhandenen Energien erst einmal annehmen. Über *viel* Energie zu verfügen, ist erst ein Glück, wenn man weiß, *wohin* damit. Sonst stauen sich Energien zu Hemmungen oder Hindernissen auf. Du brauchst Ziele, die die Dinge in Bewegung halten, und Aufgaben, an denen Du wächst und die sich mit Dir weiterentwickeln.

Solange Du nicht weißt, was für Dich die passenden Ziele und Aufgaben sind, ist die Suche danach Deine Hauptaufgabe. Wenn Du das Gefühl hast, Dir zuviel aufgeladen zu haben oder in eine Sackgasse zu geraten, dann ist Dein momentaner Wille zu schwach, weil er nicht die ganze Bandbreite von Energien (Trieben, Neigungen) aufnimmt. Mit Gewalt blockierst Du (Dich) noch mehr.

Wirf Ballast ab und begreife neu, was los ist! Geeignete Lebensaufgaben zeichnen sich dadurch aus, daß sie alle Deine Kräfte mobilisieren und alle zugänglichen Energien bündeln. Sie führen über Dich selbst hinaus, schaffen Ziele außerhalb der eigenen Person und verhindern ein »Doppelleben«, indem Deine Wünsche zur Wirklichkeit und der Alltag zum Abenteuer werden. Es ist eine Frage der Abgrenzung von haltlosen Wünschen und von leblosen Pflichten. Und eine Frage der Zuneigung – der Zuneigung zum Leben: Man muß sich vorwagen und ganz hineingeben.

Kelche

Königin der Kelche

Meisterlicher Umgang mit dem Wasserelement – spontan, beginnend und grundlegend.

Die Stimme des Herzens. Diese Karte betrifft spontane Gefühle und grundlegende seelische Bedürfnisse. Viele Kommentare kennen die KÖNIGIN offenbar nur zur Hälfte. Entweder wird sie ausschließlich gelobt – für ihre einfühlsamen, emotionalen, medialen usw. Fähigkeiten. *Oder* die KÖNIGIN DER KELCHE wird mit Skepsis beschrieben – wegen ihrer Verschlossenheit, ihrer Nabelschau oder dem Sog, der von ihr ausgeht, usw. Tatsächlich treffen alle diese Aspekte zu, doch es kommt darauf an, eben die *Widersprüchlichkeit der Gefühle* auf einen (!) Begriff zu bringen.

Offenheit und Abgrenzung, Sympathie und Antipathie, Zuneigung und Abneigung sind die Grundrichtungen der seelischen Bedürfnisse, die sich als Kelche darstellen. Diese verschiedenen Gefühlsströme anzuerkennen und zu unterscheiden, verleiht auch Dir eine »königliche« Souveränität in Herzensangelegenheiten.

- **Eigenes Erleben**
- **Fruchtbare Gefühle**
- **Emotionskraft**

Zum Inhalt der Karte gehört gerade die *Überwindung der Halbheiten* im Seelenleben! Die Bilder zeigen in verschiedener Symbolik jeweils die Geschlossenheit *und* die Offenheit der Seele an. Beide Pole sind Voraussetzungen eines intakten Seelenlebens und Quellen der Persönlichkeit. Zusammen bewirken sie, daß Du nicht zerfließt, nicht verhärtest – und seelisch überhaupt ein eigenes Leben führst.

Seelische Eigenständigkeit und persönliche Ganzheit sind ohne Liebe nicht machbar. Mut zum Gefühl heißt hier Mut zur Liebe. Du besitzt und Du brauchst den Mut, das scheinbar Unmögliche möglich zu machen: Ganz offen zu sein für alles, während Du Dich auf keine Kompromisse einläßt, was Deine eigenen Gefühle angeht.

Gehe an einem Fluß oder an einem See spazieren. Setze Dich dort nieder und meditiere. Atme und fühle. Schmücke Dich und Deine Lebensumgebung. Zeige die Schönheit und die Kostbarkeit Deiner Gefühle. Öffne Dein Herz – für alles, nicht für jedes.

König/Prinz der Kelche

Meisterhafter Umgang mit den Wasserenergien – gründlich, komplex und konzentriert.

Wahrheit des Verlangens und Verlangen nach Wahrheit. Begehren und Verlangen sind *verdichtete Gefühle*. Solange Du die Macht der Seele nicht anerkennst, kannst Du Dich – und andere – stark verletzen. Sobald Du aber damit lebst, hast Du Oberwasser und eine erfahrene, lustvolle Lebensart, »gutgelaunt wie ein Pascha und boshaft wie ein Stachelschwein« (I. Calvino).

❀ Verlangen
❀ Wahrheit
❀ Würde

»Wer nicht begehrt, lebt verkehrt«: Da gibt es Instinkte und Ahnungen, verlockende Wünsche und mitunter verwirrende Bedürfnisse, die auf Klärung warten. Schau unter die Oberfläche. Sobald Dir auch verborgene Gefühle deutlich werden, besteigst Du den Thron als KÖNIG DER KELCHE. So wirst Du zum Kapitän (zur Kapitänin) in Deinem Leben. Die Erfüllung wesentlicher Wünsche und der Abbau wichtiger Ängste führt zur Bestätigung und zur Aufhebung des Verlangens in jenen wünschenswerten Zustand, wo Du *wunschlos glücklich* bist.

»In den alten Zeiten, als das Wünschen noch geholfen hat...«, so beginnen Märchen und so beginnen auch heute noch Lebensträume. Die Verwirklichung Deiner Träume erreichst Du jedoch nicht im Traum. Setze Dich in Fahrt. Trenne Dich von fruchtlosen Träumen und folge den aussichtsreichen.

Du bist in der Lage, die seelischen Weichen neuzustellen. Nimm ein Licht mit, wenn Du gelegentlich durch einen »Tunnel« fährst. Laß Dich von Tabus und Schattenseiten weder erschrecken noch verzaubern! Je besser Du es verstehst, auch vage Gefühle wahrzunehmen und unverblümte Emotionen aufzugreifen, um so klarer kristallisiert sich Dein Verlangen.

Gehe Gefühlen auf den Grund. Hab' den Mut, Dein wahres Verlangen zu ermitteln und auszudrücken. Tip: Gehe in den Keller, schau nach dem Eingemachten, aktiviere alte Erinnerungen und Erwartungen. Gehe den »Weg der Wünsche«. Lege Dir dazu die Tarot-Auslage mit gleichem Namen (s. Seite 23), und starte!

Ritter der Kelche

Souveräner Umgang mit dem Wasserelement – weitreichend, konsequent, komplett.

Kraft der Leidenschaft. Wenn Gefühle so groß sind, daß sie sich auf den ganzen Lebensweg insgesamt beziehen (auf eine lebenslange Partnerschaft, eine Lebensaufgabe u.a.m.), werden Gefühle vor allem – eine Sache des Glaubens. Denn durch die bisherigen Erfahrungen kann nicht widerlegt und nicht bestätigt werden, was weit in die Zukunft reicht. Ein vernünftiger oder bewußter Glaube stützt sich aber auf alle verfügbaren Erfahrungen.

Dein Glaube, Dein Lebensentwurf umhüllt Dich. Ein ungeeigneter Glaube hemmt, lähmt, macht alles schwer und träge. Ein stimmiger Glaube trägt, beflügelt und begeistert; er hilft über viele Schwierigkeiten hinweg. Hüte und schütze Dich vor blauäugigen Entschlüssen. Mach Dich innerlich frei und selbständig.

Du besitzt Herz und Verstand, um tiefe und erhabene Leidenschaften wahrzunehmen und auszuleben. Der Mensch lebt nicht vom Brot allein; mit der Sicherung des Lebensunterhalts ist kein Leben ausgefüllt. Es sind die großen Leidenschaften, die uns am meisten bewegen und mit denen wir am meisten bewegen. Welche seelischen, emotionalen und spirituellen Ziele verfolgst Du?

- **Leidenschaft**
- **Muse**
- **Geborgenheit**

Kultiviere Liebe und Leidenschaft. Bei allem und für alles, was Dir am Herzen liegt, wirst Du ein Leben lang lernen. Vermeide jede Künstlichkeit. Die richtigen Leidenschaften verwandeln Dein Leben in ein Kunstwerk. Wenn Deine Leidenschaften den Alltag leiten, brauchst und findest Du die Herzens-Bildung und den »Energie-Mantel«, jene fast unangreifbare Ausstrahlung, die jede große Liebe auszeichnet.

Welche seelischen, emotionalen und spirituellen Ziele verfolgst Du? Meide Gutgläubigkeit und allgemeines Mißtrauen, Aberglauben und Unglauben. Untersuche und frage nach. Finde heraus, was Dich langfristig bewegt und trägt. Rechne nach. Aktualisiere Deine Buchhaltung. Finde einen vertrauenswürdigen Gesprächspartner (und sei es Dein Goldfisch).

Page/Bube der Kelche

Souveräner Umgang mit dem Wasserelement – experimentierend, spielerisch, leicht.

Seelische Erleichterung. Verborgene Quellen werden offensichtlich, tiefe Gefühle mit leichter Hand erfaßt. Durch Deine Gefühle und in Deinen Gefühlen entdeckst Du Neuigkeiten. Nimm diese in die Hand und probiere sie aus.

Die Karte warnt vor Leichtfertigkeit im Umgang mit dem Seelenleben. Isolierte Gefühle produzieren grundlose Ängsten, sinnlose Sehnsüchte und glücklose Leidenschaften. Eine effektive Leichtigkeit in seelischen und Herzensangelegenheiten verlangt eine *Lösung* für wichtige persönliche Wünsche und/oder Ängste. Alles andere ist beschwerlich.

- ❀ **Erhebende Gefühle**
- ❀ **Seeleneifer**
- ❀ **Kostbare Emotionen**

Ringe um Klarheit und Wahrheit. Finde das richtige seelische Verständnis. Wenn Du Dich und Deine Mitmenschen verstehst, heilst Du alte Wunden, lernst wirkliche Wunder kennen. Fruchtbare Gefühle fördern den Fluß der Dinge, schaffen kostbare und bleibende Momente im Strom des ewigen Wandels.

Spiele nicht mit den Gefühlen, ob es nun die eigenen oder fremde sind. Bewahre eine spielerische Note, eine innere Unbeschwertheit. Scheue Dich auch nicht, Dich für Deine Gefühle zu engagieren und, wo nötig, die erforderliche Härte zu zeigen.

Sorge für eine seelische Reinigung, für geprüfte Gefühle, die Dir einen verläßlichen Glauben und ein produktives Bedürfnisse bescheren.Tip: Vermeide es, »schmutzige Wäsche« zu waschen, in Fehlern, Schwächen und Ängsten zu wühlen. Putzen, abwaschen, säubern, duschen, schwimmen, baden – all dies kann jedoch den seelischen Prozeß unterstützen. Ebenso wie fließende Tränen oder auch eine Trinkkur. Reinige Dein »emotionales Konto«, begleiche Schulden und hole Außenstände rein – zwar auch finanziell, aber vor allem emotional und spirituell.

As der Kelche

Wurzel und Krone des Wasserelements.

Die Reinigung der Seele. Du selber bist wie ein Kelch – ein Gefäß des großen kosmischen Stroms. Durch Untertauchen im Wasser erlebt Dein gewohntes »Ich« eine symbolische Auflösung, auch eine enorme Ausweitung der eigenen Reichweite, was schließlich die Erfahrung vermitteln kann, daß der Tod und andererseits die Ewigkeit als Extreme diesem Leben zugehören. Im Wiederauftauchen aus dem Wasser bietet sich die Erfahrung einer seelischen Existenz an, die ohne starres Ego auskommen kann.

Du besitzt eine Seele mit einem eigenen Namen, der Deine Verbundenheit mit allen Lebewesen und zugleich Deine Besonderheit als Einzelwesen ausdrückt.

Achte darauf, daß Dein Kelch stets in Verbindung mit dem großen Strom des Lebens, der »Weltseele« *(anima mundi)* bleibt; sonst wird das Wasser in Deinem Kelch schal und abgestanden. Und pflege ebenso das Besondere, die Hervorhebung des eigenen Kelchs; sonst bleibst Du namenlos. Ein Aspekt ist dabei der »mainstream«, der Hauptstrom, das, was *man* macht; ein anderer Aspekt ist die Einmaligkeit, das Unikat: Finde Wege, in denen *Du* Deinen Anteil und Deinen Unterschied deutlich machst.

- **Weltseele**
- **Persönliches Eigenleben**
- **Klärung der Emotionen**

Betrachte es für Deine aktuellen Fragen als Geschenk und als Herausforderung, daß Dir Kelch und Wasser neu angeboten werden. Lege Dir – ohne Zensur oder Vorbewertung – Rechenschaft über Deine Gefühle ab. Möglicherweise ist ein Wechselbad der Gefühle damit verbunden. Doch fürchte Dich nicht. Mit eventuellen Höhen und Tiefen, mit Seligkeiten oder Wachstumsschmerzen bieten Deine aktuellen Fragen Dir vor allem die besondere Chance, Deine Gefühle zu *leben.*

Jetzt ist nicht die Stunde großer Versprechungen oder Verheißungen, sondern der persönlichen Aufrichtigkeit. Bereinige, was Deine Gefühle trübt. Tip: Die seelische Reinigung kann durch äußerliche Putz- oder Reinigungsaktionen zwar keineswegs ersetzt, aber mitunter unterstützt werden.

Zwei Kelche

Gegensätze oder Ergänzungen im Bereich der Gefühle, der Wünsche und Ängste.

Quelle der Seele. Die Karte bewegter Gefühle, des Verliebtseins, der bewußten und der unbewußten Emotionen. Geteilte Freude ist doppelte Freude, und geteiltes Leid ist halbes Leid. Aber in der Symbolik gibt es auch die Motive des zerrissenen Vorhangs, des zerbrochenen Krugs, der halbierten Herzen: Eine geteilte Seele bringt nicht doppelte Freude, sie wirkt vielmehr wie eine innere Wunde – man ist verletzt und oft auch verletzend.

- **Seelische Selbständigkeit**
- **Erwachsen sein**
- **Seelische Heilung**

Schaue verschiedenen Seelenseiten ins Angesicht. Auch *ein* einzelner Kelch allein kann leer sein sowie sehr verschiedene Inhalte transportieren: Wein und Wasser, ein kostbares Naß oder ein schlimmes Gift. *Zwei* Kelche betonen zusätzlich die Grundpolaritäten des Seelenlebens – Sympathie und Antipathie, Zuneigung und Abneigung. Die berühmten »zwei Seelen in der Brust« muß jede/r für sich unterscheiden lernen und unter einen Hut bekommen. Solange wichtige Seeleninhalte geteilt oder verstreut sind, weißt Du innerlich oder seelisch *nicht,* wer Du bist und was Du willst. Die Klärung unterschiedlicher Emotionen bedeutet seelische Reifung, die Aufhebung emotionaler Halbheiten aber das seelische Erwachsenwerden.

Mache die Gültigkeit Deiner Gefühle nicht von der fremder Zustimmung abhängig. Der bewußte Umgang mit Gefühlen und Bedürfnissen ist entscheidend. Die Kunst besteht darin, Spontaneität und Selbstverständlichkeit für alle Beteiligten zu fördern.

Laß Deiner Seele Flügel wachsen! *Kein Mensch ist eine Insel.* Ein Prinzip der Seele ist das der Übertragung. Eine verletzte Seele ist Quelle scheinbar grundloser Trauer, sie gibt Trauer an andere weiter und nimmt Trauer von anderen in sich auf. Eine unverletzte oder geheilte Seele stößt ebenfalls andere Seelen an, aber sie bringt sich und andere zum Klingen, ist Quelle unbeschwerter Freude.

Meide faule Kompromisse in emotionalen und intimen Fragen. Deine »bessere Hälfte« findest Du in und bei Dir. Genieße täglich das Glück, Deine Gefühle mit anderen zu teilen.

Drei Kelche

Grundprobleme oder grundlegende Lösungen im Bereich der Gefühle

Die Sprache der Seele. Alles hängt hier von der Art, von der Qualität der Gefühle ab. Wo rohe, verletzte oder verletzende Gefühle fließen, wird die Lebenssituation komplett von diesen bestimmt. So sehr, wie die Karte für erfüllende, erhebende Gefühle steht, so sehr allerdings auch für abgehobene, auszehrende Seelenregungen. Die Anmut der Gefühle ist die positive Verheißung der Karte – die Arroganz der Seele die Warnung!

Das Bild beinhaltet eine Vermischung von Gefühlen. Ein *Wir-Gefühl* kann zwar animierend und bestätigend wirken, doch es besteht die Gefahr, daß der oder die einzelne darin buchstäblich baden geht. Außerdem kann die Karte auch *gemischte Gefühle* zeigen. Dann regiert der Kompromiß, aus heiß und kalt wird lauwarm.

- **Emotionale Intelligenz**
- **Persönlicher Unterschied**
- **Seelische Verbundenheit**

Wenn die Karte Freuden und Erfüllung signalisiert, dann bedeutet sie eine Fülle von *begriffenen* Gefühlen. Bewußte Emotionen sind fruchtbare Emotionen. Sie bewirken, daß jede/r Beteiligte sich in seiner Natur bestätigt fühlt und erblüht.
Lerne, Dir fremde Emotionen zu begreifen. Teile ureigene Gefühle und Ansichten in passender Weise mit anderen.

Entwickle Dein seelisches Wahrnehmungs- und Ausdrucksvermögen. Man muß einmal vergleichen, wie viele Fachbegriffe, wie viel Fingerspitzengefühl wir häufig im Berufsleben oder für ein Hobby besitzen, wieviel Jahre wir damit zubringen, eine Fremdsprache zu erwerben – und wie »unprofessionell«, wie ungebildet wir im Verhältnis dazu nicht selten im Bereich der Gefühle und der Seelensprache operieren. Studiere die »Grammatik der Gefühle« und probiere ihre Wirkungen!

Scheuen Sie sich nicht vor »emotionalen« Reaktionen. Gehen Sie auf andere zu, oder grenzen Sie sich von ihnen ab, auch wenn es Ihnen noch ungewohnt erscheint. Ein richtiges Wort zur richtigen Zeit wirkt Wunder.

Vier Kelche

(Vollendete) Gefahren oder Chancen im Bereich der Gefühle, der Wünsche und Ängste.

Seelische Fassung. Ganzheitliches Seelenleben. Deine Gefühle wirken gleichsam in alle vier Himmelsrichtungen, bauen unsichtbare Brücken oder Mauern.

Damit ist noch keine positive oder negative Aussage gemacht. Die Karte zeigt zunächst nur, daß alles, was passiert, mit ganzer Seele geschieht. Wenn jemand z.B. launisch ist, so zeigt diese Karte, daß er *ganz* launisch ist. Das bedeutet im schlimmsten Fall eine unselige Besessenheit: Ein und dasselbe Gefühl wird in alle möglichen Richtungen *übertragen* und »ausgewalzt«. Überall findet man die Gefühle wieder, von dem man ausgegangen war. Im positiven Sinne findest Du hier die erfreuliche Fähigkeit, im Rhythmus mit den seelischen Wechsellagen zu leben. Du findest Dich überall zurecht.

- **Innere Bilanz**
- **Seelische Eigendynamik**
- **Namensfindung**

Die Gefahren des Eigensinns und die Chancen des eigenen Sinns: Hier drohen Melancholie und eine Betäubung von Sinn und Sinnen, wenn der Zugang zu den eigenen Gefühlen oder der Ausgang daraus fehlt. In beiden Fällen mußt Du zurück zur Wurzel, das heißt, zu den ZWEI KELCHEN und zum AS DER KELCHE. Im übrigen ist dies jedoch die Karte der *Meditation* und der *Inspiration:* Senke den Geist ab, lausche nach innen, gehe in Dich, finde zu Dir, um über Dich hinauszugehen.

Eine Seele besitzen alle Lebewesen. Aber erst durch die Unterscheidung der Gefühle, durch die Ausbildung eines seelischen Fassungsvermögens wird der Mensch zur Person, zu einem eigenen Resonanzkörper für das große kosmische Geschehen, zu einem Wesen mit *persönlicher* Seele, das heißt, mit einem eigenen Namen, mit einem benennbaren Eigen-Sinn.

Laß die Seele baumeln. Meditiere, oder erledige, was Dich hindert, zu meditieren und ruhig zu sein. In der Meditation, in der Stille findest Du Wörter und Worte für Erfahrungen und Aufgaben, bei denen bislang Sprachlosigkeit herrschte. Benenne Gefühle und Bedürfnisse!

Fünf Kelche

Vielseitigkeit und Konzentration im Bereich der Gefühle, der Wünsche und Ängste.

Quintessenz des Wasserlements. Es geht in seelisches Neuland! Dir begegnen bisher unbeachtete Gefühle: Trauer, Wut, Reue und Scham oder manches andere; aber auch ungekannte Freude, ungewohnte (seelische) Kraft und Ausdauer können sich einstellen, weil das Neue, das beginnt, alte, tiefe Wünsche erfüllt.

Schenke Dir und anderen »reinen Wein« ein! Es ist besser, eine Wahrheit »spät« zu akzeptieren als gar nicht. Eine Enttäuschung bietet stets auch die Gelegenheit zur Ent-Täuschung, das heißt, zum Abschied von Illusionen und zum Start in eine neue Klarheit.

- **Ent-Täuschung**
- **Persönliche Offenheit**
- **Seelischer Wandel**

Häufig steht diese Karte mit *dunklen Ahnungen* in Zusammenhang. Immer wenn wir in eine wirklich neue Lebenssituation eintreten, besitzt die Seele davon vorab kein Bild, das sie in Träumen, Fantasien und Vorstellungen ausmalen könnte. Sie sieht *schwarz*. Sie *ist* schwarz wie ein unbelichteter Film. Meist sind dunkle Ahnungen (und entsprechende Träume und Stimmungen) das Zeichen eines beginnenden Wandels oder der Suche danach. Sobald man im neuen Lebensbereich angekommen ist, verschwinden sie wieder. Du erleichterst Dir den Übergang in die neue (seelische) Realität, wenn Du es bei Ahnungen nicht beläßt, sondern die Gefühle dahinter findest und fließenläßt.

Die Quintessenz des Wasserelements ist der permanente Wandel, die Fähigkeit und die Aufgabe, *im Fluß* zu sein und im Fluß zu bleiben. Das große Geheimnis lautet: Empfangen und loslassen! Offen sein für alles, was geschieht; Gutes und Schlechtes filtern; Gutes annehmen, Schlechtes ändern oder meiden!

Laufe vor (Deinen) Gefühlen nicht weg! Laß Tränen zu, aber auch eine neue Begeisterung. Hole Dir Hilfe, wenn erforderlich. Und akzeptiere, wenn andere Deine Hilfe oder Deinen seelischen Beistand brauchen. Laß es fließen! Tip: Wasserkuren – innerlich und äußerlich – können heilsam sein; ebenso Baden und Duschen. Du brauchst Zeit und Raum für Deine innere Erneuerung – richte Deinen Tagesablauf danach ein.

Sechs Kelche

Komplizierte Widersprüche oder komplexe Lösungen im Bereich der Gefühle

Die ganze Wahrheit. Alte Träume und tiefe Wünsche machen sich bemerkbar – vielleicht auf Umwegen oder in Gestalt von unerwarteten Begebenheiten. Alte Erlebnisse, Erinnerungen und Fantasien kommen hoch. Dir wird bewußt, daß weit zurückliegende Ereignisse noch lebendig sind und Dein heutiges Leben beeinflussen. Auch weit vorausreichende Erwartungen können den Augenblick sehr bestimmen. Möglicherweise treten vermehrt Träume und Tagträume auf, vielleicht Unruhe oder Schlaflosigkeit, eventuell auch ein Gefühl von Ohnmacht oder Betäubung.

Laß Dich von all dem nicht abhalten, die täglichen Pflichten zu erfüllen. Kümmere Dich gleichzeitig um Deine Erinnerungen und Erwartungen. Du hast die Chance, wichtige Wünsche und Ängste neu zu verstehen, von ihrer anderen Seite her zu begreifen und dadurch zu neuen Lösungen zu bringen!

- **Kraft aus der Tiefe**
- **Innere Wandlung**
- **Emotionale Kompetenz**

Öffne Dich für Erinnerungen, Träume und Ahnungen, auch wenn sie scheinbare Kleinigkeiten betreffen. Setzte Dich behutsam, mit Liebe und Unterscheidungsvermögen, mit emotionalen Erfahrungen auseinander. Was war damals gut, was nicht? Wie kann das Schöne von früher auch heute wieder gelingen, wie kann man das Schlimme von einst heute verhindern? Wie würdest Du Dir heute helfen, wenn sich eine frühere Bedrohung oder alte ungute Gefühle noch einmal aktuell werden sollten?

Du verfügst heute über mehr Alternativen im Umgang mit Wünschen und Ängsten. Sortiere Deine Gefühle. Wer Du bist, wie Du reagierst und wonach Du verlangst, wird Dir neu bewußt. Laß Dich auf diesen Erfahrungsprozeß ein!

Der richtige Anlaß, um in Erinnerungen zu »schwelgen«, etwa um alte Fotos und Notizen auszugraben. Kümmere Dich (mehr) um (Deine) Kinder. Verwöhne das innere Kind in Dir! Verabschiede Dich von kindlichen Reaktionsweisen und tue, was.Du als erwachsene Frau oder als erwachsener Mann schon lange tun wolltest!

Sieben Kelche

Rätsel, Zuspitzungen und Verwandlungen im Bereich der Gefühle

Wahres Verlangen. Wenn Du diese Karte ziehst, sind Gefühle, Wünsche und Verheißungen in Deinem Leben wichtiger als sonst. Tatsächlich geht es nur vorwärts, wenn Du die Intensität Deiner Emotionen noch steigerst!

- **Entgrenzung**
- **Seelisches Wachstum**
- **Fruchtbares Verlangen**

Gesteigerte Emotionen sind schlimmstenfalls unbewußte Affekte und sinnlose Leidenschaften – im besten Fall jedoch ein bewußtes Verlangen und sinnvolle Leidenschaften. Die ersteren, die unbewußten Affekte, saugen Dich auf und führen dazu, daß Du nur noch ein Schatten Deiner selbst bist. Die letzteren, das bewußte Verlangen, führen dazu, daß Du über Deinen Schatten springst, seelisch und menschlich wächst! Sinnlose Leidenschaften stellen *über-flüssige* Emotionen dar, die Sinn und Sinne betäuben; sinnvolle dagegen schaffen einen *Über-fluß* an Wohlbehagen, der Sinn und Sinne befriedigt.

Ein mächtiges Verlangen sorgt dafür, daß gewisse Konventionen (Gewohnheiten, Übereinkünfte) badengehen. Das kann Gift für die Seele sein – und das ist die Warnung dieser Karte. Es kann aber auch ein Jungbrunnen für die Seele sein – nämlich dann, wenn die Konventionen bisher zu engherzig waren –, und darin liegt die Ermunterung dieser Karte.

Stelle Deine Emotionen auf den Prüfstand. »Was fruchtbar ist, allein ist wahr« (Goethe). Manchmal stellt selbst die größte Sehnsucht und das »unrealistischste« Begehren gerade das richtige Verlangen dar, das Du mit Gespür und Geschick auch erfüllen wirst. Im anderen Fall aber ist selbst die kleinste Verlockung und die harmloseste Versprechung von Übel.

Folge den Hoffnungen und bearbeite die Befürchtungen, von denen die stärksten Energien ausgehen. An den »Früchten« wirst Du erkennen, was für Dich »stimmt«. Entwickle und vertritt Deinen eigenen Maßstab – auch in Liebesdingen und intimen Wünschen.

Acht Kelche

Vielfältige Hindernisse oder Unterstützungen im Bereich der Gefühle

Haushalt der Gefühle. Ein wertvoller Teil Deiner Gefühle sind Emotionen, die sich nicht unmittelbar begreifen lassen. Laß Dein Bewußtsein und Dein Urteilsvermögen jedoch daran wachsen. Lerne, die Dunkelheit zu unterscheiden und Dich auch im Zwielicht sicher zu orientieren. Trau, schau, wem. Ein geeigneter Glaube stärkt Dir den Rücken, führt Dich auf neue Höhen, gerade wenn Du dem inneren Drang, dem inneren Gefälle folgst.

In Dir gibt es ein Strömen. Dabei heißt es zwar »alles fließt«; doch manchmal ist der Fluß in Dir ausgetrocknet, und manchmal fließt er nicht, sondern überflutet alles. In welcher Form auch immer – das Strömen existiert in Dir. Du kannst es verdrängen oder sich selbst überlassen. Du kannst es aber auch in Achtsamkeit beobachten und dem Flusse folgen.

- **Lebens-Rhythmus**
- **Ökonomie der Seele**
- **Bestimmung**

Sich dem inneren Strömen (*Flow*) zu öffnen und es zu formen, heißt, sich auf die Suche zu machen. Das ist im übrigen das beste Mittel gegen eine Sucht. Wo kommst Du her? Wohin gehst Du? Tritt eine Wanderschaft an – man denke an die Gesellen, die zu früheren Zeiten auf Wanderschaft gingen – und mache Deinen Meister (Deine Meisterin), emotional und spirituell. Lerne, alle Energien anzunehmen, seelisch zu bewerten, zu sortieren und auf einen Nenner zu bringen.

In der Summe erkennst Du dabei die richtige *Bestimmung* für Dein Leben, die seelische Heimat. Du findest sie eben dort, wo Du dem Fluß am nächsten bist. Das ist eine große spirituelle Erfahrung. Und gleichzeitig eine sehr praktische Methode der Alltagsbewältigung: »Wer faul ist, ist auch schlau« – wer dem Fluß der Energien folgt, der oder die strengt sich vergleichsweise am wenigsten an und erreicht zugleich am meisten!

Finde Zutrauen, um den Fluß in Dir zu spüren. Lausche auf Deinen persönlichen Rhythmus und verbinde ihn mit dem Puls der Zeit. Tip: Feiere genußvolle Feste und faste – alles ist wichtig, alles zu seiner Zeit.

Neun Kelche

Krise oder Reifephase im Bereich der Gefühle, der Wünsche und Ängste.

Ein Meer von Gefühlen. Wie bei jeder KELCH-Karte, ist hier entscheidend, *was* in den Kelchen enthalten ist. Wie oft hört oder liest man: »Bau auf Dein Gefühl« – aber selbstverständlich gibt es auch unwahrhaftige Seelenklänge, sinnlose Wünsche und unberechtigte Ängste. Diese unguten Gefühle werden mitunter aus Schönfärberei oder Furcht verschwiegen; mitunter jedoch wegen eines Problems, das Thema dieser Karte ist: Große Gefühle sind »ozeanische« Gefühle. Der Tropfen ist im Meer aufgelöst. Die Gefühle, Empfindungen und Eindrücke scheinen so stark *vernetzt* zu sein, daß sich dem Bewußtsein Vorstellungen wie »wenn schon, denn schon«, »alles oder nichts« aufdrängen. Doch dies sind zwanghafte Alternativen, die keine Freiheit lassen – die buchstäblich Luft und Atem rauben.

Hab' den Mut, einen Unterschied zu machen! Laß Dich nicht von Peinlichkeiten erschrecken oder von Sonderbarkeiten faszinieren. Bleibe Dir selber treu, wenn Du »aus der Reihe zu tanzt«! Dann gewinnst Du den Reichtum der großen Gefühle ohne unerfreuliche Nebenwirkungen.

❀ Reiche Gefühle
❀ Sich freischwimmen
❀ Erfülltes Leben

Im Meer der Gefühle existieren Ungeheuer, aber auch Schätze. Wir alle besitzen außerdem ein »Atlantis«, gewisse Werte und Kostbarkeiten, die einst oder im Laufe der Jahre untergegangen sind. Wenn Du Luft hast, kannst Du *schwimmen* und tauchen und wirst auch in großen Gewässern nicht untergehen. Schwimmen heißt: »Es« trägt Dich, Du fühlst: »Es ist gut so«.

Lebe die »ozeanischen« Gefühle, lebe mit einer großen Seele – nichts Menschliches bleibt Dir fremd und keines Deiner Bedürfnisse geht leer aus! »Jeden mit Glück zu erfüllen, auch sich selbst, das ist gut.«

Heute schon geschwommen? Spiele auf der gesamten Klaviatur der Gefühle! Nutze die große Skala persönlicher Ausdrucksformen! Schöpfe aus vielen Quellen. Habe Geduld und Ausdauer, um herauszufiltern, welche Gefühle im Augenblick im Vordergrund stehen.

Zehn Kelche

Die Totalität aller Wasserenergien.

Hoch-Zeit des Lebens. So, wie man einen Menschen nicht erst zur Probe und dann richtig lieben kann, so gleichen große Gefühle Lebenseinstellungen und Lebensträumen, bei denen Verstehen und Erleben stets zusammenfallen. Mehr noch als bei jeder anderen KELCH-Karte ist es hier wichtig, im Gefühls- und Seelenleben die notwendigen Unterscheidungen vorzunehmen. Die bloße Fülle der Gefühle und Emotionen kann unproduktiv oder egoistisch sein. Wie in dem Märchen »Vom Fischer und seiner Frau« werden dann immer größere Erfolge oder Sensationen benötigt, um aufgeregte Gefühle zu befriedigen, die schon nahe am Überdruß sind.

Die vielen Gefühle, die durch die ZEHN KELCHE angezeigt sind, können übertriebene Weichheit oder emotionale Kurzschlüsse mit sich bringen. Als Gegenreaktion muß mit dogmatischer Steifheit oder allzu strenger Behandlung der Gefühle gerechnet werden.

- **Fruchtbare Leidenschaften**
- **Seelenkünste**
- **Feier des Lebens**

Seelenkünste helfen Dir weiter, während jede Künstlichkeit von Übel ist. Wachse daran, Dich und Dein Leben als *Gesamtkunstwerk* zu gestalten. Die großen Emotionen zu befriedigender Erfüllung zu führen, ist eine »Kulturarbeit«, in der Du selbst als Teil enthalten bist. Dies gleicht einer Landschaftsgestaltung, einer Ökologie der Seele, und ist Bestandteil jeder praktischen Spiritualität.

Löse innere Abhängigkeiten, und erfahre Dich als Pionier/in: Kein Vorbild leuchtet Deine Seele hinreichend aus. Sei nicht hoch- oder kleinmütig. Jeder Mensch ist in seinem Seelenreich der oder die erste. Ermutige Dich, Dein Reich zu erkunden; nimm Deine Mitmenschen an die Hand und führe sie durch Dein Land!

Warum nur einmal oder wenige Male Hochzeit feiern? Jeden Tag kannst Du Dich »trauen«: Dir und anderen vertrauen; Dir selbst und Deinen Mitmenschen etwas zutrauen oder anvertrauen; Dich mit vielen verbünden und mit einigen verbinden; mit allem, was das Herz bewegt, einen Bund fürs Leben schließen! Heute kann Deine neueste Hoch-Zeit sein – mach' Dich bereit!

Schwerter

Königin der Schwerter

Meisterlicher Umgang mit dem Luftelement – spontan, beginnend und grundlegend.

Bewußtes Leben. Die Königin der Schwerter hat zwei Gesichter (manche Versionen der Karte zeigen dies auch im Bild): Sie ist eine strenge Richterin und eine lustige Elfen-Königin. Aufgabe der Schwerter ist es, neue und glückliche Alternativen für die Verwirklichung vorhandener Bedürfnisse aufzuzeigen. Nutze auch Du die Kraft des Schwertes, um Dich von inneren und äußeren Abhängigkeiten zu befreien. Richte Dich auf. Laß Dich nicht durch Vordergründigkeiten oder Kulissenzauber beeindrucken. Schärfe Dein Urteil.

Mache Dich an die Beurteilung des Anderen, des bisher Unbekannten, Ungeliebten, Unverstandenen, usw. Dein Vorstellungsvermögen wird herausgefordert. Ermittle liebevoll und gründlich. Analysiere Schwingungen und gewinne Einsicht in Undurchsichtiges. Dir bietet sich die große Chance, Bedürfnisse (besser) zu verstehen und zu vertreten.

- **Gewissen**
- **Liebesvermögen**
- **Bewußte Bedürfnisse**

Gehe behutsam mit vorhandenen Ängsten um. Vorurteile und Ängste sind in vielen Fällen sicherlich nur Selbst-Behinderungen, Masken, Vorwände usw. Sie drücken in vielen anderen Fällen jedoch berechtigte Bedürfnisse, nämlich bisherige Erfahrungen aus, die noch kein besseres Sprachrohr gefunden haben. In der Macht der SCHWERTER liegt es, die geistigen Kapazitäten zu entfalten und zu verfeinern. Und dazu gehört es eben auch, Begriffe und Urteile für Erfahrungen zu finden, bei denen bislang Unwissen und Unbewußtheit herrschten.

Sorge für Klarheit in Deinen Entscheidungen und in Deinem Verhalten. Tip: Nimm gegebenenfalls eine Lupe oder ein Fernglas zur Hilfe. Es kann hilfreich sein, Brille und Fenster zu putzen. In einem anderen Sinne solltest Du es auch einmal ganz ohne »Brille« versuchen, nämlich ohne eine gefilterte oder gefärbte Optik! Kultiviere Liebe, Lust und Zärtlichkeiten. Eine Karte der Freiheit und der Liebe.

König/Prinz der Schwerter

Meisterhafter Umgang mit den Luftenergien – gründlich, komplex und konzentriert.

Wissen und Weite. Wenn Du in Gedanken, Worten und Werken Himmel und Erde miteinander verbindest, wirst Du zum Meister des Schwertes und erntest die Früchte des Geistes. Himmel und Erde stehen für geistige Unbedingtheit und praktische Notwendigkeit.

Du brauchst Klarheit und Konsequenz, das heißt, auch Unabhängigkeit und Treue zu Dir selbst, ein selbständiges Wissen und Gewissen. Erfahrungen zu verarbeiten, bis sie klar sind, wird in der Symbolik auch damit beschrieben, Diamanten zu fördern oder seinen Stern zu finden! Andererseits erzählen Märchen und Mythen von Gläsernen Bergen und vereisten Gefilden; dies beschreibt eher unerfreuliche Varianten des »Triumph des Geistes«.

- ❀ **Geistesarbeit**
- ❀ **Wissen**
- ❀ **Weisheit**

Vögel sind in vielen Versionen dieser Karte zu sehen. Aus einer Vogelperspektive kannst Du bodenständige Bedürfnisse und anliegende Aufgaben gut überblicken, doch manche Aspekte können auch besonders leicht »übersehen« werden. Die Vögel symbolisieren hochfliegende Gedanken, und diese beinhalten (oder verkleiden) durchaus naheliegende Bedürfnisse. So sind, wenn von Vögeln die Rede ist, auch Deine sexuellen und Liebesbedürfnisse angesprochen. Der Vogel symbolisiert außerdem *auch* die »tierische« Seite des Denkens, Deinen Spleen, Deinen »Vogel«.

Nutze Deine geistigen Kräfte, um Bedürfnisse besser zu verstehen und umzusetzen. Ein »bewußter Umgang mit dem Unbewußten« führt Dich zu einem persönlichen Selbstverständnis, das Platz läßt für Vernunft und Verrücktheit, Spontaneität und Bewußtheit.

Mach Dir klar, was Du – von Dir, aber auch von anderen – nicht weißt und nicht wissen kannst. Kümmere Dich darum, daß die wesentlichen Bedürfnisse und Erwartungen klar sind und klar bleiben. Dann wirst Du Dein Königreich der Lüfte mit Freuden besitzen. Tip: Hänge für eine gewisse Zeit alle Spiegel in Deiner Wohnung einmal umgekehrt auf, so daß Du solange auf ihre Rückseite blickst!

Ritter der Schwerter

Souveräner Umgang mit dem Luftelement – weitreichend, konsequent, komplett.

Persönliche Konsequenz. Hier geht es um die Radikalität und die Genauigkeit Deines Denkens; Radikalität bedeutet, etwas an seiner Wurzel zu fassen. Ein radikales Denken, das auch vor Tabus nicht haltmacht, beinhaltet Gefahren von Rücksichtslosigkeit und Verletzung. Die Chance liegt in einer gesteigerten Lebensqualität: Leidenschaft und Erkenntnis beflügeln sich gegenseitig.

Entweder symbolisiert diese Karte das sogenannte »wilde Denken«. Das Denken folgt dem Chaos des Unbewußten und ist somit zwar schneller, vielfältiger und beweglicher als das Denken in einer begrenzten Logik. Aber es wird selber chaotisch. Damit läufst Du Gefahr, zum »Geisterfahrer« zu werden. In einer *zweiten* Bedeutung zeigt sich hier ein/e Fanatiker/in – ein Mensch, dessen gesamtes Streben und Trachten darauf gerichtet ist, alles Unbewußte zu kontrollieren. Das kann so aussehen, daß man gegen »Schwäche« und »Dummheit« bei sich oder bei anderen zu Felde zu ziehen, daß man Nähe, Freundschaft und Vertrauen zu vermeiden sucht, weil man den Verlust der Kontrolle oder der (geistigen) Überlegenheit fürchtet.

- **Gelebte Konsequenz**
- **Bewußtes Denken**
- **Neue Lebensräume**

Oder die Karte gibt ein Bild der Freundschaft. Der Reiter besitzt Vertrauen zu seinem Pferd und eine solche Souveränität im Umgang mit ihm, daß eine *Aufhebung des Unbewußten* angezeigt ist. Der Geist dient nun dazu, die Bewegungen des Unbewußten zu fördern und auszurichten: Roß und Reiter fühlen sich wohl.

Das einzige ernstzunehmende Hindernis für ein konsequentes Denken ist unsere Furcht vor unangenehmen Wahrheiten. Wie aber können praktische Unannehmlichkeiten erleichtert und leidige Unwahrheiten gelöst werden, wenn nicht durch die klärende Macht, durch den frischen Wind des Geistes?

Gehe in Deinen Gedanken weiter als sonst. Wage (mehr) Verbindlichkeit und Konsequenz. Lasse Schubladen des Denkens hinter Dir. Nimm Deine Gedanken ernst und deute sie wie Träume.

Page/Prinzessin der Schwerter

Souveräner Umgang mit dem Luftelement – experimentierend, spielerisch, leicht.

Die Leichtigkeit des Geistes. Eine Flamme im Feuer, ein Körper im Wasser oder ein Objekt in der Luft bekommt *Auftrieb*, wenn ihm »Luft« zugeführt wird. Das gilt auch im übertragenen Sinne für den menschlichen Geist, dem in der Symbolik das Luft-Element gleichgesetzt wird. Ein funktionierender Geist bewahrheitet sich darin, daß er vieles leichter macht.

Bringe also mehr Luft ins Spiel. Nimm und halte das Schwert selbst in der Hand. Gib Dein Urteilsvermögen nicht an andere ab. Der Wert einer neuen Idee bemißt sich nicht an dem, was ist, sondern an dem, was *wird*.

- **Frischer Wind**
- **Gedanken-experiment**
- **Neue Leichtigkeit**

Spielerische, experimentelle Gedanken: Vorsicht vor Gutgläubigkeit und Ahnungslosigkeit, die in der Folge zu hilflosen Protest, allgemeinem Mißtrauen zu beliebigen oder dogmatischen Entscheidungen führen können. Ein »Jogging für die kleinen grauen Zellen« verschafft Dir geistige Frische, Ideenvielfalt und Gedankenreichtum. Bau auf Deinen Witz und Deinen Charme – und Deine neue Leichtigkeit.

Meide Behauptungen und »Argumenten« , die lediglich aus der Luft gegriffen sind. Gehe kreativ und aufmerksam mit den Vorstellungen um, die Du und Deine Mitmenschen im Kopfe haben.

Tip: Du könntest abnehmen. Oder auch etwas unternehmen, das Dich körperlich Deine Leichtigkeit spüren läßt. Fliegen, segeln, gleiten; tragen und getragen werden. Achte einmal zehn Minuten lang darauf, wieviele Gedanken sich wiederholen, und versuche, die Zahl der Wiederholungen gegen Null zu senken. Schaue eine Minute auf einen Punkt, ohne Dir dabei einen Gedanken zu machen.

As der Schwerter

Wurzel und Krone des Luftelements.

Die Krönung des Geistes. Nimm es als Geschenk und als Auftrag, das Schwert neu zu begreifen und neue Lösungen, neue Entscheidungen zu finden. Spüre den einen Geist, der in allem atmet. Für Deine aktuellen Fragen bedeutet die Karte, daß Du das Bewußtsein schärfen und erheben sollst, um Widersprüche zuzuspitzen und auf einen Nenner zu bringen. Befreie Dich von unangebrachten Zweifeln und Zweideutigkeiten. Sorge für die Einheit von Denken und Tun.

Schon in *einem* Schwert ist die ganze Zweischneidigkeit des Geistes enthalten. Der menschliche Geist stellt auf der einen Seite die Krone der Schöpfung dar, auf der andern Seite die maximale Entfernung und Entfremdung von der Natur. Um das eine zu entwickeln und das andere zu meiden, mußt Du den Luftraum besiedeln und als eine Wohnung einrichten.

- **Luft als Heimat**
- **Klarheit**
- **Bewußtheit**

Denken, unterscheiden, zusammenfassen, erinnern, wissen, vorstellen und vorausberechnen – all das sind Teile des Geistesleben, und jeder Teil hat Anspruch auf ein Zimmer in dieser Wohnung in den Lüften. Ob aber die einzelnen Komponenten gut zusammenarbeiten, zeigt sich in der Praxis. Ein funktionierender Geist stärkt sich mit jedem Gebrauch; nur ein ungenutzter Geist verschleißt.

Die Fruchtbarkeit des Geistes wiederum mißt sich in der Verfeinerung und Erfüllung praktischer Bedürfnisse. Das As symbolisiert die Chance, Wünsche und Ängste besser zu unterscheiden. Erhebe Dich, richte Dich auf, stärke Dich an dem, was Du weißt, und untersuche, was Du nicht weißt.

Falls Du gerade ein Schwert zur Hand hast, dann nimm dieses; sonst ist aber auch eine Feder oder ein Fächer hilfreich. Stell' Dich aufrecht damit hin und meditiere darüber, was es heißt, zu denken, ohne sich Gedanken zu machen! Du besitzt und Du brauchst ein gutes Denkvermögen und einen kraftvollen, langen Atem. Gehirnjogging und Körpertraining unterstützen die neuen Kräfte in Dir! Genieße eine neue Klarheit!

Zwei Schwerter

Die Waffen des Geistes – Gegensätze oder Ergänzungen.

Fantasie und Eigensinn. Diese Karte berührt eine Nahtstelle: Den Moment *zwischen* Tag und Traum, zwischen Schlafen und Wachen. Es bietet sich jetzt die gute Gelegenheit, Gedanken auf ihre Bedeutung und Ereignisse auf ihren Sinn hin zu befragen. Deute Gefühle und Träume, erinnere und bearbeite Deine Erfahrungen. Je deutlicher Du dabei Schattenbereiche zu unterscheiden weißt, um so bessere Chancen besitzt Du, zur Mitte, zur tieferen Einheit zu gelangen.

Bestimmte Gefühle und Bedürfnisse rufen nach einer Entscheidung. Kaum merkliche Regungen, sprachlose Wünsche und Ängste warten auf eine Klärung. Andererseits sind da lautstarke, gleichsam überdeutliche Meinungen und Absichten, die jedoch nicht weniger einer genaueren Unterscheidung bedürfen. Die Waffen des Geistes – Denken, Wissen, Urteilen – sind erforderlich, um vage Gefühle und extravagante Bedürfnisse zu sondieren und um zu unterscheiden, welche davon geeignet sind und welche nicht.

- **Vage Gefühle**
- **Extravagantes**
- **Traumleben**

Wach sein für den Augenblick ist das A und O des Bewußtseins. Die Randbereiche des Bewußtseins, diese Nahtstellen zwischen Tag und Nacht (zwischen Land und Meer usw.), fordern und fördern geistige Wachheit in besonderem Maße. Jenseits des Augenscheins und jenseits des Konkreten beginnt erst das Reich des Geistes, in dem Du Dich mit Deinen aktuellen Fragen bewegst.

Mache Deine Fantasien fruchtbar. Ohne Träume, Erinnerungen und Erwartungen bist Du seelisch wie tot. Doch Du mußt sie hinterfragen und an wirklichen Erfahrungen messen, sonst drehen sich Deine Vorstellungen im Kreise, und Du bist geistig leer und ruhelos zugleich.

Sei bereit zur Kritik – und zu Selbstkritik! Sammle nicht nur Informationen oder Erklärungen, sondern sorge für ein funktionierendes Verständnis. Tip: Nimm Dir heute und morgen extra Zeit zum Einschlafen und zum Aufwachen. Erlebe die Übergänge dazwischen.

Drei Schwerter

Die Waffen des Geistes – Grundprobleme oder grundlegende Lösungen.

Bewußte Liebe. Die meisten Probleme entstehen nicht aus der trennenden (aber auch vereinheitlichenden) Kraft des Geistes, sondern stets aus der Trennung des Geistes von den wirklichen Erfahrungen. Fixe Ideen sind Vorstellungen, die sich einer Überprüfung durch Erfahrung widersetzen; sie haben immer Recht; wie ein Computer-Virus können sie ganze geistige Bereiche lahmlegen. Die Lösung: Halte den vorübergehenden Schmerz aus – laß Dich auf die wirklichen Erfahrungen ein. Untersuche Erinnerungen und Erwartungen.

Ehrlich währt am längsten – und zwar nicht aus moralischen, sondern aus praktischen Gründen: Wer ehrlich ist, hat die vorhandenen Fakten, Energien, Bedürfnisse usw. auf seiner Seite. Ohne Ehrlichkeit gibt es keine gute Entscheidungen!

- **Gewissensprüfung**
- **Ehrlichkeit**
- **Große Bestätigung**

Kummer ist unangenehm und unerwünscht, wenn die Einsicht des Geistes als Störfaktor für die Entfaltung des eigenen Willens und der eigenen Wünsche erlebt wird. Aber die Sache funktioniert auch umgekehrt: Probleme, die aus Geistlosigkeit entstanden sind, können nicht durch Geistlosigkeit überwunden werden. Worum man sich *kümmert*, da investiert man Aufmerksamkeit. Herz und Verstand, Betroffenheit und gewissenhafte Genauigkeit sind dabei gleichzeitig gefragt.

Laß Dich von Problemen oder Schwierigkeiten nicht lähmen und nicht in Rage versetzen. Es gibt unvermeidliche Schwierigkeiten, die wir ertragen müssen, und vermeidbare Fehler, die es zu beheben gilt. In der Fähigkeit, Mängel und Fehler auszugleichen, liegt die große, fruchtbare und trostbringende Kraft des Geistes. Nutze sie!

Rufe Dir (drei) Beispiele für Deine Fähigkeit in Erinnerung, auch bei großen Schwierigkeiten nicht »die Flinte ins Korn zu werfen«. Riskiere mehr Aufrichtigkeit. Du kannst dabei nur gewinnen! Baue Vorbehalte, Vorwände und Vorurteile ab! Laß dies nicht nur theoretisch wahr sein, sondern zeige dafür heute praktische Beispiele!

Vier Schwerter

Die Waffen des Geistes – (vollendete) Gefahren oder Chancen.

Bildung. In Anlehnung an die Vorstellung von den vier Himmelsrichtungen deuten VIER SCHWERTER auf eine Vollständigkeit bei den Waffen der Geistes hin. Deine Gedanken und Vorstellungen setzen sich zu einem Ganzen zusammen. Im Idealfall werden Deine Gedanken richtig »rund«; sie ergänzen und beflügeln sich. Im weniger erfreulichen Fall blockieren sich die Schwerter gegenseitig und sperren den Informationsaustausch mit der Außenwelt ab; die schädliche Vollständigkeit der Gedanken und Urteile – eine Art geistiger Immunisierung (Abschottung).

Die Karte zeigt Bilder der *Einbildungskraft.* Sie warnt vor schlechten Einbildungen – vor leblosen Theorien und Illusionen. Sie ermuntert auf der anderen Seite dazu, so viele Informationen zu sammeln, so viele Erfahrungen zu verarbeiten, bis sich daraus *ein Bild* ergibt.

- **Vorstellungskraft**
- **Ganzheitliches Denken**
- **Vollständige Zufriedenheit**

Ein ganzheitliches Denken besteht darin, einen Zusammenhang *ganz zu durchdenken.* Aktiviere alle verfügbaren relevanten Informationen. Setze sie zusammen, bis das Rätsel gelöst und der Sachverhalt durchsichtig ist. Große Aufgaben oder wichtige Fragen warten auf Deine Aufklärung.

Des Menschen Wille ist sein Himmelreich. Du bestimmst in Deinen Geisteswelten. Auf die eine oder andere Art steht Dir ein Himmelreich zur Verfügung. Ob Du Dir ein »Wolken-Kuckucksheim« baust oder den Himmel auf Erden holst, das macht den Unterschied.

Du hast »Nüsse« zu knacken! Nimm Dir Zeit für (Deine) Gedanken. Und gehe Erinnerungen noch einmal neu durch. Vielleicht liegt da etwas im Schatten. Du besitzt und brauchst eine neue Perspektive, eine neue Beurteilung von bekannten Sachverhalten oder einfach einen neuen Ansatz. Entspanne Dich, damit Dein Geist sich konzentrieren und schärfen kann! Tip: Rätsel, Krimis, Puzzles und Mandalas können ein gutes Training für die »kleinen grauen Zellen« sein.

Fünf Schwerter

Vielseitigkeit und Konzentration bei den Waffen des Geistes.

Quintessenz des Geistes. Entfremdungen und Verletzungen – oder aber Klärung, Befreiung und »Brücken bauen« für Liebe und Verständnis?! Willst Du nur verteidigen, was Du Dir spontan in den Kopf gesetzt hast, brauchst Du dafür die Schwerter? Oder nimmst Du Dir zu Herzen und zu Kopfe, was für alle Beteiligten am besten ist?

Die Schwerter können der verlängerte Arm persönlicher Willkür sein. Aber umgekehrt funktioniert es besser: Küre zu Deinem Willen, was insgesamt am sinn(en)vollsten ist. Lebe im Mittelpunkt des Augenblicks: Finde stets neu heraus, was aktuell gut und schön ist.

- **Selbstverständlichkeit**
- **Wert des Lernens**
- **Persönliche Blüte**

Die Aufhebung der Spontaneität: Furchtbar, wenn nur die Laune regiert; furchtbar auch, wenn die Laune mit Schwertern unterbunden wird. Ein fruchtbarer Geist jedoch kann schöne und schlimme Launen unterscheiden und dazu verhelfen, den eigenen Rhythmus zu leben. Die Quintessenz des Geistes ist ein geeignetes Bewußtsein, eine persönliche Klarheit, die Dich bereichert und erleichtert. Lerne aus Erfahrung. Suche nach dem Sinn von Siegen und Niederlagen. Nutze die Waffen des Geistes als Mittel der Heilung.

Es ist nie zu spät und selten zu früh, Erfahrungen zu verarbeiten und die erforderliche Lektion zu lernen. Lasse Dich von Schwierigkeiten nicht »herunterziehen«. Die Wahrheit hat viele Gesichter. Gerade, wenn Du Schwierigkeiten beheben und unvermeidliche Fehler ertragen mußt, darfst Du die Flinte nicht ins Korn werfen. Nimm Ängste, Sorgen, Kränkungen und Schwachpunkte ernst. Vertraue der Kraft der Liebe. Du hast nichts zu verlieren, aber viel zu gewinnen.

Befreie Dich aus geistiger Unselbständigkeit. Praktiziere Aufrichtigkeit, und halte Deinen Blick vor geistiger Not und geistigem Elend nicht verschlossen. Trage Deinen Teil dazu bei, Unmündigkeiten zu beenden.

Sechs Schwerter

Die Waffen des Geistes – komplizierte Widersprüche oder komplexe Lösungen.

Wissenstransfer. Gerade das Selbstverständliche ist manchmal schwierig zu begreifen oder schwer zu erklären. Innenwelt und Außenwelt miteinander zu vernetzen, persönliche Existenz und die Wahrheit des anderen in ein ausgeglichenes Verhältnis zu bringen, das ist eine komplexe Angelegenheit, eine Wissenschaft für sich und erfordert besondere Aufmerksamkeit. Du brauchst gleichsam ein Standpunkt von außen, um Deine Selbstverständlichkeiten überhaupt als solche zu erkennen.

Die Schwerter stehen nicht zuletzt für Wissensschätze, die in allen möglichen Lebensbereichen angesammelt wurde. Dieses *nicht* zu nutzen, wäre ebenso unklug, wie sich *nur* nach dem *bisherigen* Kenntnisstand zu richten. Jeder Mensch, der zum Individuum wird, entwickelt etwas Eigenes, das über alles Vorwissen hinausgeht.

- **Sich selbst übersetzen**
- **Allgemeines Wissen**
- **Individuelle Gründe**

Von allem lernen – sich von allem unterscheiden: Kläre Interessen und Motive ab. Suche die *Erfahrungen*, die hinter den Lehrsätzen stehen. Verstehe, was andere *im Grunde* suchen, wenn sie Urteile und Richtlinien formulieren. Frage nach den Gründen ihrer Worte und Taten. Und verstehe, was Deine Absichten sind. An den Grenzen Deines Wissens findest Du auch zu Deinen unbewußten Motiven!

Informiere Dich! Studiere und erforsche die Zusammenhänge. Finde die Wissenslücken in Dir und außerhalb von Dir heraus. Setze Deine Intelligenz und alle Waffen des Geistes ein, damit es zwischen Deinen Mitmenschen und Dir *fließt* und Du »im Strom« der Ereignisse einen eigenen Kurs zu steuern weißt.

Verstehe die Schönheit und die Brillanz Deiner persönlichen Eigenart – und akzeptiere sie. Vermittle sie auf eine Art und Weise, die anderen Menschen verständlich ist. Tip: Lege Dir eine Tarot-Auslage zu der Frage »Das Bezaubernde an mir – und wie ich es anderen mitteile« (Legemuster dafür auf S. 20–39).

Sieben Schwerter

Die Waffen des Geistes – Rätsel, Zuspitzungen und Verwandlungen.

Rätsel und Lösung: Jeder Mensch bringt eine neue Wahrheit auf die Welt, und so triffst auch Du auf bestimmte Rätsel, die gleichsam nur dazu da sind, daß Du die Lösungen findest, die Du mitbringst. Wähle Deinen Weg und entscheide Dich bewußt. Du hast nichts zu verlieren außer überholten Selbstverständlichkeiten und untauglichen Visionen.

List, Intrige und andere unerquickliche Bedeutungen besitzt diese Karte immer dann, wenn man sich und/oder andere nicht versteht. Es gibt jedoch bessere Alternativen. Arbeite mit Deinen Träumen und den Zielvorstellungen für Dein Leben. Zum bewußten Denken und Wissen gehört die spirituelle Dimension, die Erkenntnis der eigenen Grenzen und der Realität dessen, was größer ist als wir.

- **Grenze des Wissens**
- **Zuspitzung**
- **Erleichterung**

Die Karte warnt vor behindernden und bedrohlichen geistigen Mustern. Ohne funktionierendes Selbstverständnis bleibst Du ein »lebender Selbstwiderspruch«, dem immer eine Seite des (eigenen) Tuns verschlossen oder rätselhaft bleibt. Ein geeignetes Verständnis entsteht aus der *Berücksichtigung* vieler gegenläufigen Argumente und vieler gegenteiliger Erfahrungen. Je mehr Gegenargumente und fremde Urteile Du verarbeitet hast, um so stärker wird Dein eigenes Urteil und die Kraft Deiner Argumente.

Laß Dich von Problemen und Widersprüchen nicht einschüchtern. Finde heraus, welche Rätsel für Deine Person und Dein Leben typisch sind. Wenn Du Dir diese zur Aufgabe machst, wirst Du Schwierigkeiten in Leichtigkeiten und Schwächen in Stärken verwandeln. Berücksichtige die Stimme des Herzens und des Verstandes gleichermaßen.

Lege eine Pause ein. Eine Stunde oder einen Tag. Erlaube Dir etwas »Unvernünftiges« zu tun. Vielleicht solltest Du etwas aus dem Tiefkühlschrank nehmen. Vergessene Gedanken und eingefrorene Gefühle jedenfalls sind von großer Bedeutung – sie wollen erhört werden.

Acht Schwerter

Die Waffen des Geistes – vielfältige Hindernisse oder Unterstützungen.

Bewußtseinserweiterung: Verbindlichkeit in Tun und Denken – im positiver wie im negativer Weise trägst Du die Konsequenzen! Prüfe Deine Überzeugungen – Augenschein und Vordergründigkeiten helfen allein nicht weiter.

Aus theoretischer Einsicht, aus bloßem Denken erwachsen praktische Konsequenzen. »Es gibt Gedanken, welche Du nicht begreifen kannst, wenn Du nicht Dein Leben änderst« (Werner Springer). Und aus Deinem praktischen Handeln, aus bloßem Tun entstehen neue geistige Schlußfolgerungen. »Es gibt Änderungen in Deinem Leben, welche Du nicht verwirklichen kannst, wenn Du nicht Deine Gedanken begreifst« (dito umgekehrt).

- **Bewußtseinssteigerung**
- **Größere Verbindlichkeit**
- **Persönliche Kompetenz**

Wenn Du mancherorts aneckst oder querliegst, ist dies ein Hinweis darauf, daß Dein Bewußtsein wachsen will. Nutze Argumente, Einwände, Reibungspunkte und dergleichen als willkommene Gelegenheit zur Bewährung Deiner geistigen Kapazitäten. Löse Dich aus geistigen Abhängigkeiten, aus Befangenheit oder Bevormundung. Treffe neue Vereinbarungen.

Gehe in Dich, und begreife die enorme Fülle Deiner Geistesgaben. Zweck der Bemühungen ist es, für das, was Dir und Deinen Mitmenschen am Herzen liegt, neue Räume zu öffnen. Arbeite Schwierigkeiten und Einwände ab. Mache den Weg frei. Ein taugliches Bewußtsein ist wie eine goldene Brücke!

Tip: Meditiere acht Tage jeden Morgen und jeden Abend. Wenige Minuten reichen schon. Und gehe in diesen acht Tagen Schritt für Schritt durch folgende Aussage [von Kajo Nelles]: »Ich liebe Entscheidungen, die einbeziehen und nicht abgrenzen, die öffnen und nicht verschließen, die Möglichkeiten bieten und nicht Endgültigkeiten setzen, die vom Besten ausgehen und nicht vom worst case, die Reichtum verbreiten und nicht Armut zementieren, die Aufgaben akzeptieren und nicht Probleme schaffen, die immer wieder auffordern / helfen / verstehen, das Unmögliche möglich zu machen!«

Neun Schwerter

Die Waffen des Geistes – Krise oder Reifephase.

Fülle der Erkenntnis – Grenzen der Erkenntnis. Sobald ein Mensch seinen eigenen Weg geht, stößt er auch in Bereiche des Seins vor, die noch unbeleuchtet sind, weil bisher niemand darin war. In dem Moment, wo Du Deine wirkliche Individualität erfährst und die Einmaligkeit jeden Lebens erkennst, verändert sich Dein geistiger Horizont komplett.

Dies darf nicht mit Alpträumen oder Grausamkeiten verwechselt werden, auch wenn manche Beschreibungen dieser Karte in diese Richtung zielen. Eher handelt es sich um die Entdeckung neuer geistiger Räume, bei der Du Tag und Nacht durchfährst und unterscheiden lernst – und eine (neue) geistige Ordnung schaffst, die für Dich stimmt. Gehe in Deinen Gedanken weiter, als Du es gewohnt bist. Gewöhne Dich an neue Erkenntnisse und Vorstellungen.

- **Erwachen**
- **Größere Verantwortung**
- **Neuer Horizont**

Wenn die Karte nicht aufweckend, sondern eher erschreckend wirkt, so liegt das an einer Fülle von Gedanken und Vorstellungen, die für Dich nicht (mehr) stimmen. Es gibt Entwicklungssprünge, und dann wird einem schlagartig, manchmal auch schockartig die Konsequenz von etwas klar, das man schon lange praktiziert.

Fürchte Dich nicht, sondern nimm Dir Zeit, um den neuen Sachverhalt zu verarbeiten. Laß Zweifel und Enttäuschungen zu, aber widersetze Dich der Verzweiflung und übernimm Verantwortung. Es gibt neue Möglichkeiten und neue Horizonte – entdecke Sie. Jetzt ist es an der Zeit, »das Denken zu denken«. Schau Dir Deine Vorstellungen von höherer Warte an. *Begreife, was (Deine) Gedanken bedeuten!* Hüte und schütze Dich vor Kurzschluß-Handlungen und automatischen Reaktionen. Laß Dich nicht provozieren. Es gibt viele Wege, auf das, was geschieht, zu antworten.

Stärke Deine Verantwortung. Bleib auf dem Teppich – er fliegt ja schon! Tip: Betreibe Gehirnjogging und philosophische Übungen, Geschicklichkeitsspiele und Reaktions-Sportarten wie Fechten, Tischtennis, Squash u.a.: Alles, was Deine Reflexe trainiert, tut jetzt besonders gut.

Zehn Schwerter

Die Totalität aller Luftenergien.

Gipfel der Erkenntnis. Die Saat des Geistes geht auf. Untaugliche Gedanken und fruchtlose Auseinandersetzungen sind zum Untergang verurteilt. Das persönliche Bewußtsein blüht. Mach' Dich bereit zum Schritt in persönliches Neuland. Stärke und erneuere Deine Geistesgegenwart!

»Triffst Du Buddha unterwegs, töte Buddha«, besagt einer der bekanntesten Sprüche aus dem Zen-Buddhismus. Der Buddha, den Du triffst (den Du zu begreifen meinst), ist *nicht* Buddha. Dieses Motto ist mit der biblischen Maxime zu vergleichen, man solle sich von Gott kein Bild machen.

Wenn diese Karte Probleme anzeigt, so stellt sie meist die Konsequenzen eines unpersönlichen Geistes und einer entfremdeten Gedankenwelt dar. Platte Instinkte führen nicht weiter; fixe Ideen wie die Imitation von Vorbildern, Autoritäten oder Buddhas ruinieren Leben und Liebe.

Der Gipfel der Erkenntnis und die Fruchtbarkeit der Schwerter als »Waffen des Geistes« erweisen sich in einem wachen Bewußtsein. In seiner Klarheit liegt aller Halt und alle Sicherheit. Dieses wache, lebendige Bewußtsein wird in Märchen und Mythen als »goldener Spiegel« und als »goldener Brunnen« bezeichnet. Oder es heißt wie in der Erzählung eines Derwischs: »Das Verschwinden des Schattens in der Sonne«. Damit ist dies eine sehr spirituelle Karte. Zugleich auch eine sehr konkrete, pragmatische Karte, die auf notwendige Übergänge im Alltagsleben hinweist.

❀ Früchte des Geistes
❀ Liebe
❀ Lebenshauch

Gehe sorgsam mit Gedanken und Entscheidungen um. Sei wachsam für die Erfordernisse des Augenblicks. Sorge für gute Luft und achte auf Deinen Atem. Öffne Dich dem Strom des Lebens.

Münzen/Pentakel

Königin der Münzen

Meisterlicher Umgang mit dem Erdelement – spontan, beginnend und grundlegend.

Talent ist Auftrag. Du bist nicht dazu berufen, als namenloses Wesen das Leben zu fristen; doch auch nicht dazu, für vermeintliche Pflichten und Dienste etwas Wesentliches zu opfern: den Unterschied, den Wert und den besonderen Reichtum, den Dein Dasein bedeutet.

Eine Karte der Rückbesinnung auf die wahren Werte. Möglicherweise auch eine Station des Übergangs, wo Du Dich »von allen guten Geistern verlassen« fühlst; oder eine Phase der Hinwendung zu höherer Einsicht und tieferem Verständnis. Konzentriere und entspanne Dich: Alles hat seine Zeit, jedes Ding nimmt einen eigenen Lauf, den Du durch Einmischung und Hektik, aber auch durch Gleichgültigkeit oder Abwarten nicht ändern kannst.

- **❀ Fruchtbare Talente**
- **❀ Wahre Werte**
- **❀ Wohl-Leben**

Überheblichkeits- und Minderwertigkeitsgefühle sind gefährlich. Kokettiere nicht mit Deinen Chancen oder Schwierigkeiten. Du besitzt besondere Begabungen und besondere Handicaps. Diese Prägungen sind Dein Talent – erforsche es! Nutze den Wert der Erfahrung! Jeder Mensch stellt in gewisser Weise ein Naturereignis dar; aus den Erfahrungen vieler Einzelwesen etwas Wesentliches von bleibendem Wert zu machen, das wiegt.

Wenn Du diese Karte ziehst, kommt es auf Deine Souveränität im Beruf und in der praktischen Lebensgestaltung an. Unterscheide Spitzenleistungen von falschem Ehrgeiz, Verborgenes von Abwegigem. Die Liebe zu allem Lebendigen, zur Sinnlichkeit und zum Sinn von allem, was »kreucht und fleucht«, gibt Dir ein großes praktisches Geschick und ein unsentimentales, bodenständiges Einfühlungsvermögen.

Komm' von Deinem Sockel herab. Tip: Pflege Nägel, Haut und Haare. Begib Dich in die Berge, erklettere (einen) Gipfel. Teile Dir Deine Aufgaben ein, um auch im Alltag Berge zu meistern: »Tue erst das Notwendige, dann das Mögliche, und plötzlich schaffst Du das Unmögliche« (Sprichwort).

König/Prinz der Münzen

Meisterhafter Umgang mit den Erdenergien – gründlich, komplex und konzentriert.

Sinn und Genuß. Du bist eine schöpferische Persönlichkeit, und ein bodenständiges Bewußtsein verleiht Dir Kraft und Ausdauer. Also worauf wartest Du? »Es ist sinnlos, von den Göttern zu fordern, was man selber zu leisten vermag« (Epikur).

Wandle lästige Pflichten in eine Arbeit um, die Du genießen kannst. Baue aus Deinen verschiedenen Arbeiten *ein* Gesamtkunstwerk – Dein Lebenswerk. Der MÜNZ-KÖNIG (PRINZ DER SCHEIBEN, usw.) symbolisiert einen Genießer, der zugleich Planer und Organisator ist und durch seine Arbeit zur Ruhe im Leben findet. Entwickle passende Lebens- und Arbeitsformen, eine persönliche Kultur. Bewähre Dich als Architekt und Baumeister Deines Lebens.

- **Wachstum**
- **Vermögen**
- **Wohl-Stand**

Die Karte der Vermögensplanung und der Vermögensverwaltung: Du selber bist Dein Kapital – Acker und Ernte, Weinberg und Wein. Deine Ergebnisse sind ein Spiegel Deines Lebens. Es zeigt sich, daß alle Klarheit nur soviel wert ist, wie Du davon realisieren kannst. Und ebenso wird deutlich, daß Deine Besitztümer nur Glück bringen, wenn sie die Bedürfnisse von Sinn und Sinnen stillen.

Löse Blockaden und Verhärtungen auf. Genieße Arbeit und Ertrag. Scheue nicht die Mühen, die mit jeder Arbeit verbunden sind, und auch nicht die großen Mühen, die zu einem großen Werk gehören. Habe Geduld: Alle Dinge sind schwer, bevor sie leicht werden (persisches Sprichwort).

Kläre Deine Finanzen, und schau, wie Du Dein Vermögen sichern und mehren kannst. Das gilt aber auch für Deine Talente und für Deine Wünsche nach einem produktiven und erfüllten Leben. Stelle eine Bilanz auf, welche wichtigen Ziele Du erreicht hast und welche noch fehlen. Schaffe Vorräte, und nutze Reserven. Tip: Kümmere Dich darum, was Du gepflanzt hast – im Garten, aber vor allem im Leben insgesamt. Alles, was auf Dauer angelegt ist, will neu bedacht werden. Sinn und Genuß sind der Maßstab eines sinnvollen Wachstums.

Ritter der Münzen

Souveräner Umgang mit dem Erdelement – weitreichend, konsequent, komplett.

Aussaat und Ernte. Hier geht es um Deine Fähigkeit, Dein Leben in Ordnung zu bringen, Probleme nicht unter den Tisch zu kehren und Lösungen in die Tat umzusetzen. Es gibt viel zu ernten in Deinem Leben. Indem Du Deine Aufgaben und Notwendigkeiten begreifst, verstehst Du Dich selbst. Wenn Du Dich und Deinen Platz in der Welt verstehst, erzielst Du Deine optimale Ernte.

Es gilt etwas aufzuarbeiten in diesem Leben und am heutigen Tag! In der Untersuchung der bestehenden Widersprüche bewähren und stärken sich Besonnenheit und Gelassenheit. Scheue Dich nicht vor Auseinandersetzungen zur richtigen Zeit, sondern suche sie! Fasse Vertrauen in Deine Fähigkeit, Probleme in Ordnung zu bringen, Ängste zu beseitigen und Wünsche zu erfüllen. Totalität Deiner Talente, Deiner Aufgaben: Schaffe eine angenehme Lebenssituation, in der Du lebst, wie es Deiner Natur, Deiner Lebenseinstellung entspricht. Verzichte auf falsche Bescheidenheit und aufgesetzte Ideale. »In der Beschränkung zeigt sich der Meister«, und das bedeutet jetzt: Halte Dich an das Nötigste! »Vieles war nicht nötig / Und gerade das wäre das Nötigste gewesen« (Edith Vahrenhorst).

- **Begriffene Notwendigkeiten**
- **Reichtum**
- **Optimale Ernte**

Verzeihe Dir und anderen, nicht perfekt zu sein. Auch der »Mist«, den wir alle produzieren, ist noch nutzbar – als Dünger und Humus. Du kannst Deine Mitmenschen nicht ändern, aber sie so nehmen, wie es ihren Talenten entspricht, und so einsetzen, daß ihre Talente optimal zur Geltung kommen.

Tip: Gehe in den Garten, reite Dein Steckenpferd, finde zu körperlicher Ausgeglichenheit. Persönliches Wohlbehagen und gute Verdauung sind unverzichtbar. Schau Dir Deinen Haushalt und Deinen Beruf an: Was gibt es zu ernten, was gilt es jetzt zu säen?

Page/Prinzessin der Münzen

Souveräner Umgang mit dem Erdelement – experimentierend, spielerisch, leicht.

Aufhebung des Unscheinbaren. Vertraue der Erfahrung, die in Dir schlummert, und bringe sie zum Vorschein. Erwarte und fördere dies auch für Deine Mitmenschen. Deine »Münze« ist ein Geschenk des Lebens, sie spiegelt wider, daß Du selber ein Schatz für Dich und Deine Umgebung bist, wenn Du Dein Talent begreifst. Diese Karte ist ein guter Anlaß, Deine praktischen Fähigkeiten neu zu entdecken und neu zu *bewerten.* Im Unscheinbaren steckt auch das Un-Scheinbare, das Wesentliche und Typische, worauf es ankommt. Man muß das Vertraute filtern. Es ist wie mit dem Gold, das unerkannt auf der Straße liegt: Auch das eigene Talent ist immer vorhanden, doch man sieht es zuerst nicht.

❀ **Talentprobe**
❀ **Finanzquelle**
❀ **Entdeckung**

Die eigenen Talente erscheinen uns unscheinbar, entweder weil man sich selbst nicht für wichtig nimmt oder weil wir einen falschen Begriff von Talenten haben und nur bei Spezialisten oder Sensationsdarstellern ein besonderes Talent vermuten. Tatsächlich aber besitzt jeder Mensch besondere Talente, weil er/sie besondere Erfahrungen und Erwartungen verkörpert; man muß »nur« den Wert dieser Prägungen herausfinden.

Spielerische Erprobung der Talente: Jede praktische Neuerung, jeder Zugewinn und jede neue finanzielle Chance hängen auch damit zusammen, daß Du Dein Talent – Deine Begabungen und Deine Aufgaben – besser verstehst. Prüfe Erlebnisse und Ergebnisse.

Finde einen neuen Zugang zu den ureigenen Betroffenheiten und zu Deinen wahren Begabungen. Laß Dich auch von Schwierigkeiten nicht entmutigen. Vergiß nicht, daß Schönheit und wahre Werte oft zunächst im Verborgenen blühen und dort abgeholt werden wollen.

Einen Spaziergang in der Landschaft oder durch die Stadt machst Du zu einem Abenteuer voller Entdeckungen! So halte es auch mit Deinen Beziehungen und Begegnungen, mit Deinen Pflichten und Aufgaben!

As der Münzen

Wurzel und Krone des Erdelements.

Das Gesicht der Materie. Diese Karte steht für die in sich ruhende, bewegte und bewegende Energie der Erde. *In* der Materie stecken Leben und Dynamik. Das drücken fast alle Tarot-Sorten dadurch aus, daß die Münzen (oder Scheiben, Pentakel u.a.) verschiedene Energiesymbole tragen. Münzen sind im übrigen *Produkte*. In ihnen verkörpern sich *Materie und Schöpfung*.

Damit verweist dieses As auch auf die Doppelnatur des Menschen. *Du selber bist wie eine Münze;* die zwei Seiten der Medaille sind Deine Prägungen – Erfahrung und Erwartung auf der einen Seite, kommende Erlebnisse und künftige Ergebnisse auf der anderen Seite. Auf der einen Seite steht die Frage »Wie bin ich geprägt worden?«, auf der anderen Seite »Was präge ich meinerseits?« Wie eine geprägte Münze, besitzt jeder Mensch hervorragende und weniger hervorragende Anteile. Jeder Mensch besitzt bestimmte Begabungen und bestimmte Handicaps. Wenn Du diese Deine Prägungen annimmst und *ummünzt*, entdeckst und entwickelst Du Dein Talent!

❀ Persönliches Talent
❀ Selbst-Wert
❀ Eigener Beitrag

Es gibt für jeden Menschen bestimmte Talente, die ihn oder sie auszeichnen. Diese Talente haben nichts mit zirkusreifen Sensationen zu tun. Es geht auch nicht um den Eintrag in ein Buch der Rekorde. Annahme und Aufhebung der eigenen Prägungen machen das persönliche Talent aus.

Manchmal vermitteln große Ereignisse einen Begriff davon; manchmal ist es eine eher unscheinbare »Erbsenzählerei«, die zum richtigen Verständnis der persönlichen Talente verhilft: »Die guten ins Töpfchen, die schlechten ins Kröpfchen« – Licht- und Schattenseiten der vorhandenen Begabungen und der sich bietenden Möglichkeiten müssen sorgsam geschieden werden.

Was ist die Erde für Dich? Eine ruhige Kugel schieben? Wie der Riese Atlas den Globus, die ganze Last der Welt auf Deinen Schultern tragen? Begreife die Kraft, die in Dir steckt, und Deinen Beitrag, auf den die Erde wartet! Nimm die Welt mit Kreativität und Leidenschaft in Besitz!

Zwei Münzen

Gegensätze oder Ergänzungen im Bereich der Werte und Talente.

Neue Realitäten. Was für Dich wertvoll und wertlos ist, wandelt sich. Du mußt besonders gut abwägen. Begreife die »Zufälle«, die jetzt in Dein Leben treten, und unterscheide, was sie Dir zu sagen haben.

Jeder wirkliche Wandel ist mit einer Neubewertung verbunden. Lebensschwerpunkte ändern sich. Bisherige Grundsätze werden zweideutig, prägende Gewohnheiten erscheinen zwiespältig, und neue Aufgaben treten zu alten hinzu! Du stehst dabei *mittendrin* und erfährst Dich selber *wie noch nie.*

- **Lebenswende**
- **Neue Ordnung**
- **Bewußtseinswandel**

Deine Chancen und Deine Aufgaben hängen damit zusammen, Dich aus vermeintlichen Sachzwängen zu befreien. Es gibt eine Alternative – immer mindestens eine! In dem Moment, wo Du sie nutzt, entdeckst Du Dein eigenes Gewicht und Deinen Anteil am Geschehen. Du bist nicht der Diener oder der Beherrscher von Sachverhalten. Da hilft kein »Alles oder Nichts«– weder Pokern noch Hadern mit dem Schicksal. Du hast in der Vergangenheit gewählt und bist frei, neu zu wählen und Dein Leben in einen neuen Zusammenhang zu stellen.

Es ist Zeit für einen Abschied von manchen Einstellungen und Ansichten, die bisher sehr prägend für Dich waren, nun aber wertlos geworden sind. Rechne mit unerwarteten Bestätigungen, doch auch mit Verunsicherungen, wenn gewohnte Realitäten um neue Dimensionen erweitert werden. Andere Werte und/oder Lebensbereiche treten in Dein Leben. Für die Entfaltung Deiner Persönlichkeit ist das schon jetzt ein Segen!

Achte auf Deine Knie; laß sie nicht zu weich oder zu hart werden. Augen und Ohren – alle Sinne spielen möglicherweise verrückt. Doch das ist ganz wörtlich zu nehmen: Deine Wahrnehmungen werden ver-rückt, verschoben und erweitert, weil sich Dein Standort ändert. Dein Bewußtsein orientiert und ordnet sich neu. Was jetzt hilft, sind neue Ergebnisse. Sie sind Deine Aufgabe, aber auch Dein Halt!

Drei Münzen

Grundprobleme oder grundlegende Lösungen im Bereich der Werte und Talente.

Neue Werte. Hier geht es um Talente, die zugespitzt und aufgehoben werden. Die Herausforderung besteht darin, das eigene Talent weithin sichtbar zu machen, wie ein Licht auf einen Berg zu stellen! Oft sind mit diesem Thema größere Anstrengungen verbunden. Der Streß und die Lösung liegen darin, über Gewohnheiten hinauszuwachsen.

Das persönliche Talent zu entfalten und zu krönen, bedeutet, auch unbekannte Bereiche zu betreten. Oft handelt die Karte von Schwellenängsten, die vorübergehend, doch unvermeidlich auftreten, wenn Tabubereiche berührt und beleuchtet werden. Nur in diesem ganz bestimmten Sinn gilt auch der vielzitierte Spruch »an der Angst geht's lang« – ansonsten tun wir gut daran, Ängste zu vermeiden.

- **Berufung**
- **Latente Talente**
- **Spitzenleistung**

Du erreichst keine persönliche Spitzenleistung, ohne verborgene Energien, »latente Talente«, zu wecken und zu Tage zu fördern. Kläre Tabus und Heiligkeiten – bestätige, was sich bewährt, und verwerfe, was nicht funktioniert. Spitzenleistungen stellen sich als besondere Erfolge und Errungenschaften dar. Doch hüte und schütze Dich vor Götzen und Fetischen. Nur die Spitzenleistungen sind wertvoll, die Bewußt-Sein und Wohl-Sein dauerhaft erhöhen.

Jede/r besitzt solche Gipfel, die auf ihn oder sie warten. Selbstverständlich gibt es Berge von unterschiedlicher Höhe; aber jeder Berg hat seine Spitze! Ob Du Deine Spitze erreichst oder nicht, das ist die entscheidende Frage.

Komm aus Dir heraus, und zeig', was in Dir steckt! Nimm Deine Stärken und Schwächen zusammen, und schaffe damit etwas von bleibendem Nutzen – etwas Wertvolles, das sich für Dich und viele andere lohnt. Finde die Aufgabe, den Beruf und die Berufung, die Deine besten Energien zusammenfassen, herausfordern und zuspitzen. Mache Deinen Entwurf, leiste Deinen Beitrag, und spüre die Schöpfungskraft, die unmittelbare Energie, die in Dir steckt und sich ausdrücken möchte!

Vier Münzen

(Vollendete) Gefahren oder Chancen im Bereich der Werte und Talente.

Profi in eigener Sache. Hier geht es um Beruf, Lebensunterhalt und Besitz. Entscheidend sind dabei solche Lebensumstände und bleibenden Werte, in denen sich Deine Persönlichkeit, Deine Ideen und Ideale ausdrücken und darstellen können.

Du gestaltest Dir die Welt. Auf der einen Seite warnt die Karte vor einem »sachlichen Aberglauben«, vor einem falschen Glauben an Fakten und materielle Produkte. Im positiven Sinne ist dies jedoch eine Karte der Vollständigkeit. Baue um und verwerfe, was nicht zu Dir paßt. Schaffe neue Formen, neue Inhalte, neue Gewohnheiten. Vervollständige den Rahmen, in dem Du leben möchtest. Sorge für Verhältnisse, worin sich der Wert Deiner Talente, Deiner persönlichen Stärken und Schwächen auszahlt und Dein Dasein krönt!

- **Persönliche Werte**
- **Professionalität**
- **Vergoldete Talente**

Gib anderen den Schlüssel zu Deiner Welt. Betone den Unterschied und die Besonderheit Deiner Lage. Doch verschanze Dich nicht.

Baue Deine Welt zum Nutzen der großen Welt. Ziehe die erforderlichen Grenzen und Verbindungslinien ein. Spiele nicht den Helden oder den Versager. Halte Dich nicht mit Angebern und Duckmäusern auf. Jeder Mensch besitzt etwas Einzigartiges, das »einzig und nicht artig« ist. Nicht Bravheit oder Bosheit bringen Dich vorwärts, sondern die Manifestierung, die Verewigung Deiner besten Talente.

Die wertvollsten Talente sind die, die am meisten Nutzen stiften. Sie nutzen am meisten, wenn möglichst viele Wünsche damit erfüllt und möglichst viele Ängste abgebaut werden können. Manchmal ist es bei dieser Karte wichtig, sich bewußter abzugrenzen, um den persönlichen Eigenwert herauszustellen bzw. überhaupt zu entdecken und zu erforschen. Manchmal kommt es aber auch darauf an, sich wesentlich mehr mitzuteilen, und an den eigenen Fähigkeiten und Fertigkeiten möglichst viele Menschen teilhaben zu lassen.

Fünf Münzen

Vielseitigkeit und Konzentration der Werte und Talente.

Die Quintessenz des Elements Erde: Jedes menschliche Vermögen (Besitz und Fähigkeiten) schafft soviel Wert, wie es dazu beiträgt, vermeidbare Notlagen auszuschließen und unvermeidliche Notlagen lebenswert zu machen. Es gibt jene Nöte, die durch Katastrophen und Krankheiten entstehen, und viele andere Nöte: Etwa einen Hunger nach Sinn, einen Durst nach Liebe, eine Sehnsucht nach Heimat. Jede Art von Not ist schlimm. Wo sich die Fülle Deiner Möglichkeiten mit den dringendsten Notwendigkeiten verbindet, bewirken Deine Talente am meisten.

Ein Zusammenleben, worin man sich um Stärken wie um Schwächen, um Gesunde wie um Kranke gleichermaßen kümmert, ist nicht nur ein Gebot der Liebe und der Menschlichkeit; es ist die zugleich erstaunliche und unabweisbare Quintessenz des Elements Erde: *Jeder nach seinen Fähigkeiten und jedem nach seinen Bedürfnissen* – der Einsatz der vorhandenen Mittel funktioniert am besten, wenn jede/r die eigenen Talente optimiert; Talente lassen sich nur optimieren, wenn möglichst viele reale Bedürfnisse damit befriedigt werden.

- **»Yoga-Karte«**
- **Aufhebung von Nöten**
- **Optimierung von Talenten**

Die »Yoga-Karte«: Das Sanskrit-Wort Joga bedeutet *Anspannung* (»Joch«). Es gilt, sich ins Joch zu spannen, sich ungezwungen und gerne »ins Zeug zu legen«. Zu vielen Bildversionen dieser Karte paßt die Legende vom Blinden und vom Lahmen, die sich gemeinsam auf den Weg machen. Der Blinde stützt den Lahmen und der Lahme führt den Blinden. Indem sie ihre Nöte teilen, wird jeder von der *Hilflosigkeit* seiner Lage *erlöst.*

Die Not wird *gewendet.* Wo verschiedene Talente sich ergänzen und unterstützen, *multiplizieren* sich die Kräfte!

Kündige unbegründeten Ansprüchen. Erfülle wertvolle Verpflichtungen mit leichtem Herzen! Handle, um unnötiges Leid zu beenden und mögliches Glück zu verwirklichen. Mache die Welt menschlicher, wohnlicher, komfortabler – und wertvoller.

Sechs Münzen

Komplizierte Widersprüche oder komplexe Lösungen für Werte und Talente.

Produktive Bedürfnisse. Hier vollzieht sich eine Aufhebung von Geben und Nehmen: Im besten Fall handelt es sich um eine Lebenssituation, worin »Milch und Honig« fließen. Das ist wie ein Honeymoon – der Himmel auf Erden. Da spielt es grundsätzlich keine Rolle mehr, wer gibt und wer nimmt, weil beides auf dasselbe hinausläuft.

- **Produktive Bedürfnisse**
- **Wert-Schöpfung**
- **Honigmond**

Glücklicherweise kannst Du einen solchen Honigmond nicht nur in Flitterwochen erleben. Wenn Du mit Deinen Talenten Bedürfnisse erfüllst und mit Deinen Bedürfnissen Talente weckst und förderst, entsteht jedesmal ein *Zugewinn*. Beide Seiten profitieren vom Ergebnis; eine typische Win-Win-Situation. Wer gibt, befriedigt selber ein Bedürfnis, zum Beispiel seine Talente zu nutzen und sich zu verewigen. Wer von anderen etwas annehmen kann, ist offen für andere und gibt ihnen etwas, zum Beispiel Wert und Anerkennung.

Wenn »Münzen« wirkliche Bedürfnisse zur Geltung bringen, dann gewinnt sowohl derjenige, der sie ausgibt, wie auch derjenige, der sie einnimmt. Andersherum: Drücken »Münzen« keine Werte oder Bedürfnisse aus, dann *verlieren* alle am Handel beteiligten Seiten, weil sie einen Mangel austauschen. Im schlimmsten Fall kommt überhaupt jeder Austausch zum Erliegen, weil keiner dem anderen zu geben oder vom anderen etwas anzunehmen bereit ist, das Bedeutung hätte.

Neue Wege zur Verwirklichung der eigenen und zum Verständnis fremder Bedürfnisse stehen für Dich auf der Tagesordnung. Zunächst geht es darum, produktive von unproduktiven Bedürfnissen zu unterscheiden: Produktive Bedürfnisse schaffen neue Werte.

Der Wert des Eigenen ist am größten, wenn möglichst viele davon profitieren. In diesem Sinne besitzt Du nur, was Du weggibst. Entwickle Einklang und Zusammenhang zwischen Dir und der Mitwelt, zwischen inneren Bedürfnissen und äußeren Ergebnissen.

Sieben Münzen

Rätsel, Zuspitzungen und Verwandlungen im Bereich der Werte und Talente.

Bilanz. Welche Ergebnisse und Errungenschaften lohnen sich? Welche nicht? Bist Du mit Deinen Ergebnissen zufrieden? Damit, wie Du gearbeitet hast? Deine Ergebnisse sind ein Spiegel Deines Lebens. Analysiere Deine Ergebnisse.

Untersuche geltende Maßstäbe, damit Du weißt, ob sie für Dich funktionieren. Sachliche Entscheidungen und persönliche Fragen hängen zusammen und sind doch zwei verschiedene Paar Schuhe. Wenn Du diese beiden Seiten berücksichtigst, erzielst Du reichliche Ergebnisse, die sich wirklich lohnen.

- **Persönlicher Maßstab**
- **Evidenz**
- **Sinnfindung**

Wenn Du einen unbekannten Weg oder eine neue Adresse suchst, brauchst Du einen Stadtplan oder eine Landkarte, keine Tarot-Karte. Wenn Du anderseits wissen willst, ob es gut und richtig für Dich ist, in diese fremde Stadt zu ziehen, dort einen neuen Beruf auszuüben oder eine neue Beziehung einzugehen, dann helfen Dir die Tarot-Karten als Spiegel, Spiel und Wegweiser. Wie Du Tarot deutest, so deute auch die »Karten«, die das Leben Dir zuspielt!

Es gibt bestimmte Lebensrätsel und sachliche Aufgaben, deren Lösung bzw. Bedeutung Du in dem Moment findest, in dem Du auch *Deine* Bedeutung, den persönlichen Sinn, Deine Lebensaufgaben entzifferst. Jede gelöste Aufgabe zeigt Dir, daß Du auf dem richtigen Weg bist, und selbst ein Fehlschlag ist noch wertvoll, wenn er Dir klarmacht, worin Deine Aufgabe und Deine Bedeutung *nicht* bestehen.

In Deinen aktuellen Fragen heißt es: Spuren suchen und Zeichen deuten. Manchmal geben auch Stolpersteine wichtige Hinweise. Suche und finde solange, bis sich Dir der Sachverhalt offenbart. Du brauchst Evidenz – Inhalt und Bedeutung einer Angelegenheit sollen offen sichtbar werden. Höre nicht vorher auf zu suchen. Tip: Ziehe bis auf weiteres täglich eine Tageskarte!

Acht Münzen

Vielfältige Hindernisse oder Unterstützungen im Bereich der Werte und Talente.

Gestalt-Therapie: Dich selbst entfalten und die Welt gestalten. Deine aktuellen Fragen tragen dazu bei, daß Du Dein Metier findest und Dir den Rahmen schaffst, in dem Du mit den vorhandenen Mitteln das beste Ergebnis erzielst.

❀ Entschlackung
❀ Meisterschaft
❀ Gesunder Luxus

Laß Dich nicht für fremde Zwecke verschleißen; finde statt dessen die Aufgaben, für die Du wirklich nötig bist.

Wie jeder Mensch bringst Du bestimmte Begabungen mit, um Dein Leben glücklich zu gestalten und die Welt insgesamt ein Stück weit menschlicher und angenehmer zu gestalten. Es gibt typische Begabungen und Aufgaben, die auf Dich warten – sie funktionieren bei keiner oder keinem anderen als bei Dir. Indem Du Dich darauf begrenzt, kannst Du alle fremden Gurus und Meister in die Wüste schicken – Du erwirbst die Meisterschaft für Dein Leben!

Jede Arbeit in Beruf und Haushalt ist auch ein Symbol für die Arbeit an Dir selbst. Wenn Du vor Dir fliehst und Dich in Arbeit stürzt, wirst Du auf anderen Wegen um so nachhaltiger auf Dich zurückgeworfen. Und umgekehrt: Wenn Du vor Deinen Aufgaben in der Welt fliehst und Dich in Selbstbetrachtung ergehst, wirst Du auf Umwegen um so nachhaltiger in die Welt geworfen.

Sorge Dich nicht darum, einen Mangel zu verwalten, sondern Glücksmöglichkeiten zu nutzen und zu mehren. Sorge für zahlreiche Ergebnisse, die Deine Handschrift, Deinen Zuschnitt tragen und in denen Du Dich selbst wiedererkennst. Schaffe Stück für Stück für eine Situation von gesundem Luxus: Einen Überfluß an Wohlbehagen, verwirklichten Ideen und befriedigten Wünschen.

Sorge für Entschlackung und einen guten Stoffwechsel. Das gilt für Nahrung jeglicher Art. Verdaue Deine Erfahrungen. Je klarer Du Deine Vorzüge und Deine Handicaps erkennst, um so leichter findest Du die Aufgaben, für die Du besonders begabt bist! Tip: Setze neue Pflanzen im Haus oder im Garten.

Neun Münzen

Krise oder Reifephase im Bereich der Werte und Talente.

Liebe in jeder Beziehung. Liebe ist nicht nur ein Gefühl, sondern auch die Voraussetzung und das Ergebnis einer optimalen Förderung von Bedürfnissen und Talenten! Hier geht es um die Liebe zu Deinen Mitmenschen, zu Tieren und Pflanzen, zu Dingen, Ereignissen und allem anderen. Nicht nur für die partnerschaftliche Zweierbeziehung ist die Liebe der geeignete Maßstab. Liebe ist eine Art, der Welt zu begegnen. In der Beziehung zu Dir selber wie auch in *allen* täglichen Lebensbezügen ist die Liebe das sinnvollste Kriterium.

Diese angewandte, tägliche Liebe ist durch nichts zu ersetzen. Sie ist das »Extra« – der unvergleichliche Luxus, der ein geliebtes Leben von einem freudlosen und unfriedlichen Alltag unterscheidet.

- **Reife Talente**
- **Liebes-Leben**
- **Urlaub im Alltag**

Wenn Du liebst und geliebt wirst, blüht Deine Natur auf. Zeige die Schönheit Deiner Natur, Deiner persönlichen Eigenart; lebe und verkörpere den Charme und den Wert Deiner Selbstverständlichkeiten; so wirst Du zur Liebe finden. Verstecke Dich nicht.

Je mehr Talente und Bedürfnisse von vielen Beteiligten gleichzeitig zur Geltung kommen, um so größer ist die Liebe und um so größer ist auch der insgesamt erzielte Gewinn! Jeder materielle Zugewinn, der *nicht* dazu beiträgt, Bedürfnisse zu erfüllen und Talente zu fördern, ist im Endeffekt unbedeutend. Wenn Du Dir selbst und Deinen Mitmenschen in Achtung und Liebe begegnest, dann entsteht ein Plus, ein größeres Ganzes, in dem viele Menschen mit Stärken und Schwächen, mit Vorzügen und Nachteilen aufgehoben sind. Einen größeren Gewinn kannst Du gar nicht erzielen, und mit einem geringeren solltest Du Dich auch nicht zufrieden geben!

Warte nicht auf bessere Zeiten! Nimm Dich vieler Menschen und vieler Begebenheiten in Liebe an. Liebe das Leben, so wie eine gute Gärtnerin den Garten hegt, wie ein tüchtiger Hausverwalter eine Liegenschaft pflegt! Gib der Liebe ihre Chancen – und sie blüht als Sinn und Sinnlichkeit, als freudiges »Kribbeln« im Alltag.

Zehn Münzen

Die Totalität aller Erdenergien.

Optimale Ergebnisse, blühende Talente, großer Reichtum. Der größte Reichtum besteht darin, den eigenen Anteil am Weltgeschehen zu erkennen und auszufüllen. Das Einmalige, Individuelle verwandelt sich dann vom vorübergehenden Einzelfall zum bewußten Anteil an der Ewigkeit! Bewußt leben, heißt, zu wissen, was die Stunde geschlagen hat.

- **Optimale Ergebnisse**
- **Magische Momente**
- **Selbst-Verewigung**

»Ja! diesem Sinne bin ich ganz ergeben, / Das ist der Weisheit letzter Schluß: / Nur der verdient sich Freiheit wie das Leben, / Der täglich sie erobern muß. / Und so verbringt, umrungen von Gefahr, / Hier Kindheit, Mann und Greis sein tüchtig Jahr. / Solch ein Gewimmel möcht' ich sehn, / Auf freiem Grund mit freiem Volke stehn. / Zum Augenblicke dürft' ich sagen; / Verweile doch, du bist so schön! / Es kann die Spur von meinen Erdentagen / Nicht in Äonen untergehn« (aus dem *Faust*).

Interessanterweise ist Individualität nicht im Alleingang möglich. Man muß durch viele Menschen hindurchgegangen sein, um zu seinem wahren Ich zu finden (nach Friederich Nietzsche). Wenn Du die Brücke zum Anderen, zum Fremden findest, verschwindet die Einsamkeit, dieser Schatten einer fehlenden Individualität, genauso wie die Gefahr, in der Masse unterzugehen:

»Du folgst Deinem Stern. Erfahrungen von Dir und anderen fließen zusammen zu einem größeren Ganzen. Du weißt, daß Du nichts festhalten kannst, daß Veränderungen unvermeidlich sind und Möglichkeiten beinhalten. Du siehst, wie Dein Tun auf dem der Alten aufbaut und wie die Jungen es weiterführen. Ja, Zeit ist nur relativ. Du erkennst Dich selbst zugleich in dem Jungen und dem Alten. Keine Grenze, wo auf einmal Schluß ist. Nichts geht verloren. Nichts hält Dich ab, zu leben und Deinen Puls zu spüren, zu verweilen und zu gehen.«

Nutze den Zauberstab der Individualität, und trage zu einem Zusammenleben bei, worin jede und jeder den eigenen Weg mit viel Freude verwirklichen kann.

Reichtum der Bilder

Die beliebtesten Tarot-Sorten

Weltweit existieren zur Zeit rund 1.000 verschiedene Tarot-Sorten. Etwa 400 davon sind im Handel erhältlich. Jährlich kommen etliche neue Spiele hinzu. 45 der gängigsten Tarot-Spiele werden im folgenden mit Beispielskarten abgebildet und beschrieben *(in alphabetischer Reihenfolge)*.

Unter den vielen Tarot-Sorten existieren drei Klassiker: Das Waite-Tarot, das Crowley-Tarot und das Tarot de Marseille.

Drei Tarot-Klassiker

Waite-Tarot

Mit großem Abstand am verbreitetsten ist das Waite-Tarot, auch als Rider-Tarot oder Rider-Waite-Tarot bekannt. Es wurde von Arthur E. Waite und Pamela Colman Smith 1909 veröffentlicht und erschien im Londoner Verlag Rider. Dieses Deck, wie man einen Satz Karten auch nennt, ist für viele Menschen besonders leicht zugänglich, obwohl (und weil) es eine enorme Dichte und Konsequenz in der Komposition der Symbole und Motive besitzt. Vom ersten Einstieg ins Tarot bis zur professionellen Verwendung in Symbolkunde und Psychologie besitzen die Bilder von Waite und Smith eine unglaubliche Tiefe, eine enorme Vielzahl von Ebenen, auf der sie betrachtet und verstanden werden können.

Das heutige Tarot-Kartenlegen wäre ohne das Waite-Tarot kaum vorstellbar. Nicht zuletzt, weil es das erste Tarot-Spiel war, das durchgängig auf allen 78 Karten *Bilder* präsentierte, wurde es zum

Wegbereiter der zeitgenössischen Tarot-Deutung, die auf der *visuellen Wahrnehmung* der Karten beruht. So stellt das Waite-Tarot die Grundlage, gleichsam den »Archetyp« des heute bekannten Tarot dar.

Crowley-Tarot

Das Crowley-Tarot folgt mit einigem Abstand in der Beliebtheit auf das Waite-Tarot. Es wurde von Aleister Crowley und Lady Frieda Harris 1943 ebenfalls in London in kleiner Auflage veröffentlicht. Erst später wurde es auf Karten gedruckt (1969).

Das Crowley-Tarot zeichnet sich durch seine energiebetonte, teilweise ungegenständliche (»abstrakte«) Darstellung aus. Es besitzt mitunter einen allegorischen, d. h. sinnbildhaften Charakter. Die Symbolik eines Bildes ist hier eher *einem* bestimmten Leitgedanken untergeordnet. Besondere Vorteile des Crowley-Tarot sind die Klarheit der Symbolik, die geistvolle und prägnante Darbietung traditioneller Tarot-Motive sowie viele einzelne Bildideen, die als besonders geglückt zu betrachten sind.

Aleister Crowley war und verstand sich selbst als »Schwarzmagier«. Das bringt manchmal Berührungsängste gegenüber den Crowley-Karten mit sich. Als Mensch ist Crowley nicht unbedingt zur Nachahmung zu empfehlen. Doch nicht nur bei ihm, auch bei vielen bekannten Künstlern außerhalb des Tarot machen wir einen Unterschied zwischen Leben und Werk. Es gibt keinen zwingenden Grund, Abstand zu den Crowley-Karten zu halten. Sie sind im Gegenteil eine bedeutende und vielsagende Bereicherung der Tarot-Welt. Mit Recht sind sie sehr populär.

Marseiller Tarot

Das Tarot de Marseille stellt, nach den Karten aus der italienischen Renaissance, die zweitälteste Linie des Tarot dar. Es ist heute noch wichtig, weil die Esoteriker des 19. Jahrhunderts sich vorwiegend mit dem Marseiller Tarot beschäftigt haben. Auch Symbolforscher aus der Schule um und nach C.G. Jung beziehen sich häufig auf diese Tarot-Version. Zahlreiche Schriften aus dem 19. Jahrhundert und der ersten Hälfte des 20. Jahrhunderts sind wieder neuaufgelegt worden und heute im Handel erhältlich. Insofern nimmt auch das

Tarot de Marseille in der heutigen Tarot-Literatur die Rolle eines Klassikers ein.

Drei moderne Klassiker

Neben und nach diesen Altmeistern des Tarot heben sich zur Zeit vor allem drei *moderne Tarot-Klassiker* hervor: Das Dali-Tarot, das Margarete Petersen-Tarot und das Voyager Tarot. Möglicherweise befindet sich auch das Osho Zen-Tarot auf dem Sprung in diese zweite Spitzengruppe.

Auch die übrigen hier im Anschluß dargestellten Tarot-Sorten zeichnen sich durch besondere Popularität, besonderen Kunstreichtum oder andere herausragende Merkmale aus.

Für welche Tarot-Sorte soll man sich entscheiden?

Am besten ist es, wenn Du Dich für eine Sorte entscheidest, zu der Du persönlich einen »guten Draht« besitzt. Tarot ist und bleibt eine Begegnung mit Bildern und Symbolen. Und es macht nur Spaß, auch nur Sinn, wenn wir eine Beziehung zu den Karten verspüren, die wir benutzen. Da gibt es keine allgemeinen Empfehlungen. Entscheide Dich für die Tarot-Sorte(n), die Dir am meisten zusagt (zusagen). Je größer die Vielfalt des Tarot-Angebots jedoch wird, um so wichtiger ist es, zumindest *einen* der drei Klassiker – Waite-, Crowley- oder Marseiller Tarot – zu kennen. Um so wichtiger auch, die gemeinsamen Bedeutungen *aller* Tarot-Karten zu kennen, wie sie beispielsweise im vorliegenden Buch aufgezeichnet sind.

Anubis
XX. The Judgment

THE EMPRESS
LA EMPERATRIZ

THE POPE
LE PAPE
V
DER HIEROPHANT
IL PAPA

DIE HOHEPRIESTERIN

ACHT DER KELCHE

TOD

XIV
MÄSSIGKEIT

XIX
DIE SONNE

X

Ägyptisches Tarot *Zahlreiche Varianten.*
Während die Tarot-Karten tatsächlich aus der italienischen Renaissance stammen, bildet die Legende vom ägyptischen Ursprung die Grundlage vieler Mythen um das Tarot. Diese Legende, an der Antoine Court de Gébelin und Paul Christian besonderen Anteil haben, kann man symbolisch interpretieren: »Mit dem Tarot komme ich mit Dingen und Ereignissen in Berührung, die mir so kostbar sind wie beispielsweise ein Tempel des alten Ägyptens.« Inzwischen ist es auch ein Stück Tarot-Nostalgie, wenn Karten, die wie das CROWLEY-TAROT im 20. Jahrhundert entstanden, sich auf den ägyptischen Ursprung des Tarot beziehen. *Abb. v.l.n.r.:* TAROT OF TRANSITION, ÄGYPTISCHES TAROT, ALTÄGYPTISCHES TAROT.

Ahnenpfad Tarot *Julie Cuccia-Watts, 1995. 78 Karten, 80 x 105 mm.*
Das Ahnenpfad-Tarot verknüpft Motive aus vielfältigen Kulturen. So sind die Figuren der Stab-Karten als Ägypter dargestellt, die Kelch-Karten zeigen Motive aus den Avalon-Sagen, die Schwerter werden mit asiatischer Kampfkunst verbunden, und die Münzen, die hier den Namen »Heilige Kreise« tragen, verweisen auf die Bilderwelt des indianischen Medizinrads (s.a. »ETHNO-TAROT«). »Mir geht es darum, die Gemeinsamkeiten in den Erfahrungen der Völker aufzuzeigen«, erklärt die Künstlerin.

Albano-Waite-Tarot *Franky Albano n. Motiven v. Waite-Smith, 1969. 78 Karten, 70 x 120 mm.*
Weltweit existieren mehrere lizensierte Varianten und »Cover-Versionen« der Tarot-Karten von A. E. Waite und P. C. Smith. Zu erwähnen sind beispielsweise das GOLDEN RIDER-TAROT, das DIAMOND TAROT und das DE ANGELIS-TAROT. Das Albano-Waite-Tarot ist eine der beliebtesten und eine der ältesten Cover-Versionen. Die Albano-Ausgabe ist ein typisches Produkt der Hippie-Zeit, die insgesamt wesentlich dazu beitrug, Tarot populär zu machen. Die Karten zeigen reiche, volltönige Farben. Sie eignen sich besonders für Sammlerzwecke und zur weiteren künstlerischen Bearbeitung.

RE DI COPPE

15 XV 15
IL DIAVOLO

16 XVI 16
LA TORRE

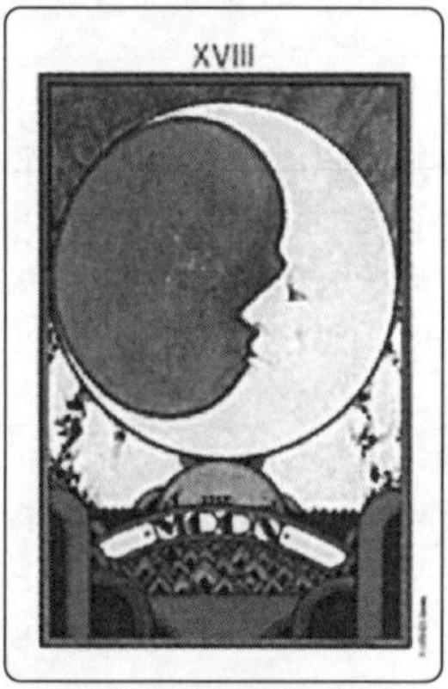
XVIII

XXI
THE
WORLD

IV
THE EMPEROR

II · Die HOHEPRIESTERIN

III · Die HERRSCHERIN

IX · Der EREMIT

Altes italienisches Tarot *Cartiera Serravalle Sesia, 1880. 78 Karten, Nachdruck 60 x 115 mm.*
Aus Italien stammen die ältesten Tarot-Karten (s. VISCONTI-TAROT). Seit Jahrhunderten besitzt Italien eine lebhafte Produktion von *tarocchi,* von Tarot-Karten. Historische Kartensätze existieren daher heute in großer Zahl. Dabei bildeten einzelne Regionen Italiens eigene Stilmerkmale aus (s. LOMBARDISCHES TAROT). Die hier abgebildete Ausgabe ist die Reproduktion eines Spiels, das um 1880 von der Cartiera Italiana (Italienische Papierfabik) in Serravalle Sesia gedruckt wurde. (*Abb. v.l.n.r.:* König der Kelche, XV-Der Teufel, XVI-Der Turm.)

Aquarian Tarot *David Palladini, 1970. 78 Karten, 75 x 118 mm.*
Auf die Hippie-Zeiten geht der Mythos vom Wassermann-Zeitalter zurück, das bereits begonnen habe oder zur Zeit gerade beginne. Darauf spielte der Kunstmaler David Palladini an, als er seine Bilder 1970 als eines der ersten der neueren Tarot-Decks veröffentlichte und damit schnell einige Berühmtheit erlangte. In der Gestaltung tauchen Jugendstilelemente auf, die Farben konzentrieren sich auf eine Auswahl von Pastellfarben. (*Abb. v.l.n.r.:* XVIII-Der Mond; XXI-Die Welt, IV-Der Herrscher.) 1997 erschien auch das prächtige NEUE PALLADINI TAROT.

Arcus Arcanum Tarot *Günter Hager/Hans-Rudi Wäscher, 1986. 78 Karten, 70 x 110 mm.*
Konzipiert wurden diese Karten von Günter Hager, der zum »Urgestein« der Tarot-Autoren in Deutschland zählt; und gemalt wurden sie von Hans-Rudi Wäscher, dem Schöpfer der *Sigurd-* und *Falk-*Comicfiguren, die von Jugendlichen im Deutschland der 1950er und 1960er Jahre »verschlungen« wurden. »Der *Arcus Arcanum Tarot* lädt zur Traumreise durch eine Epoche ein, die nur Ewig-Jetzige noch als ein ‚finsteres' Mittelalter bezeichnen. Auf stolzen Burgen, in lauschigen Hainen und immer an der frischen Luft zelebrieren überwiegend blonde, blauäugige Menschen die Mysterien des Tarot« (E. Graf)

4 Der Kaiser
Arthur

20 Das Gericht
Avalon

0 Der Narr
Parzival

III
Die Herrscherin

Pentakel Zehn

Die Welt

XX
Das Aeon

II
Die Hohepriesterin

XXI
Das Universum

Avalon Tarot *Anna-Maria Ferguson, 1995. 78 Karten, 70 x 120 mm.*
Es gibt Moden in der Welt des Tarot. Während vor rund 20 Jahren beispielsweise das SOLLEONE-TAROT oder das ROYAL FEZ MOROCCAN TAROT en vogue waren, so zählt zur Zeit das Avalon-Tarot zu den gefragteren Tarot-Sorten. Nicht erst seit den *Nebeln von Avalon* faszinieren »Artus und das mythische Land der Seele«, so der Untertitel der Karten, viele Menschen. Wie beim HERR DER RINGE TAROT hat hier eine bekannte Textvorlage als Anregung für ein neues Tarot gedient. Die Stäbe sind durch Speere ersetzt und die Münzen durch Schilde.

Cosmic Tarot *Norbert Lösche, 1988. 78 Karten, 67 x 115 mm.*
Der Maler Norbert Lösche ist ein bekannter Maler und Grafiker, der eine Vielzahl von esoterischen Büchern und Postkarten illustriert hat und zugleich in der Welt der Werbung zu Hause ist. Im *Lexikon des Tarot* notiert dazu Eckhard Graf: »Wer etwas Spezielles erwartet, mag daran (an diesem Spiel) die Ecken und Kanten, die Spannung und deshalb auch die Vitalität vermessen. Wer allerdings einfach ein modernes, professionell gestaltetes Tarot-Spiel will, das nicht erst studiert werden muß, bevor es benutzt werden kann, wird damit gut bedient.«

Crowley-Tarot *A. Crowley/Lady Frieda Harris, 1943, 1969. 78 Karten, verschiedene Größen.*
Crowleys eigene Bezeichnung »Thoth Tarot« spielt auf den ägyptischen Gott Thoth (Hermes) an. Die Karten zeichnen sich durch eine solche Kraft und Klarheit in der Symbolik aus, daß sie einen Platz unter den drei Tarot-Klassikern einnehmen. Sie sind eine zuverlässige Quelle für Meditation und Interpretation. Zu den weiteren Vorteilen dieser Karten gehören viele besonders geglückte Bildideen. Die Bilder sagen regelmäßig mehr aus als die aufgedruckten Untertitel! Diese (wie »Gewinn«, »Vergeblichkeit« usw.) sollten beim Kartenlegen abgedeckt werden (Klebeband oder Finger).

THE MOON XVIII
XVIII LA LUNA

Shakti- The Life Dancer

Isis
The Priestess

VIII LA FORCE

SECHS DER SCHWERTER

XI GERECHTIGKEIT

Dali-Tarot *Salvador Dali, ca 1975, 1984. 78 Karten, 79 x 141 mm, Goldschnitt.*

Neben dem VOYAGER TAROT und dem MARGARETE PETERSEN-TAROT zählen diese Karten zu den drei modernen Tarot-Top-Titeln. Und dies nicht etwa vor allem wegen des berühmten Namens (wobei allerdings offen bleibt, wieviel der Meister persönlich an diesen Karten getan hat und wieviel das Werk seiner *Factory* war). Szenen aus typischen Märchen, Mythen und Träumen der abendländischen Geschichte, Motive aus bekannten Kunstwerken und eigene Schöpfungen werden äußerst kunstvoll zu aussagestarken Collagen komponiert. Dies macht das Dali-Tarot zu einem schönen und wertvollen Tarot-Spiel, das zugleich ästhetisch und symbolisch bedeutsam ist.

Daughters of the Moon Tarot *Ffiona Morgan u.a., 1984 ff. 75 runde Karten, 133 mm Ø*

Das berühmte Frauen-Tarot besteht, ebenso wie das MOTHERPEACE TAROT (und einige wenige weitere Tarot-Sorten), aus *runden Karten*. Es handelt sich um ein kollektives Werk, herausgegeben von Ffiona Morgan, hergestellt von vielen einzelnen Malerinnen. Aus »feministischen« Gründen wurden die Karten *Herrscher*, *Hohepriester (Hierophant)* sowie die vier *Könige* entfernt. Zugleich wurden zwei neue Karten geschaffen: *Pan* und *Coyote-Frau/Trickster.* Die *Liebenden* gibt es in zwei Versionen, in der Summe daher 75 Karten.

Drachen Tarot *Peter Pracownik/Terry Donaldson, 1995. 78 Karten, 70 x 110 mm.*

Eine Reise in eine Traumwelt der Drachen und Magier, der weisen Frauen und geheimnisvollen Dämonen. Ein spezielles Tarot, das internationale Erfolge bei Science Fiction- und Fantasy-Freunden genießt. Die Urheber sind auch die Schöpfer des Tarot- und Kartenspiels DER HERR DER RINGE. Terry Donaldson ist einer der bekannteren zeitgenössischen britischen Tarot-Autoren.

II LA PAPESSE

KÖNIGIN DER SCHWERTER

AS DER PENTAKEL

XXI
THE WORLD

VI
六
THE LOVERS

XI
STRENGTH

AEON
21
Sythesis
Synthese
ZYKLUS
MA

CREATOR
1
Consciousness At Work
Angewandte Bewußtheit
ERSCHAFFER
A☿

STAR
17
Hope
Hoffnung
STERN
M☿

Einhorn Tarot *Suzanne Star/Liz Hilton, 1995. 78 Karten, 70 x 120 mm.*
Ein Tarot mit vielen Fans, und zwar wegen des Themas und des Motivs des *Einhorns*.
»Einhorn: Uraltes Symbol der Unschuld und Reinheit. Es legt sein Horn in den Schoß einer Jungfrau, anders ist es nicht zu fangen. Es kann allen Giften ihre Wirkung nehmen, liebt die Lustigkeit. Ein Traumbild, das auf die Flucht in eine irreale Märchenwelt deuten kann. (...) Unschuld und phallischer Drang werden im Bild des Einhorns verbunden, und so stellt sich der/dem Träumenden die Frage: Wie sehen meine Triebe ohne jedes Schuldgefühl aus? Es ist die Frage nach der ‚geläuterten Animalität‘« (Klausbernd Vollmar, Handbuch der Traum-Symbole).

»Ethno-Tarot« *Verschiedene Sorten.*
Von den Inuit bis zu den Mayas, von persischen bis zu japanischen (s. Abb.) Symbolwelten gibt es heute kaum einen Kulturraum, der nicht schon als Motivlieferant für Tarot-Bilder gedient hätte. Tarot ist *multikulturell* und spiegelt die Welt, in der wir leben. Natürlich ist es jedesmal eine Art augenzwinkernde Weiterverarbeitung der ursprünglichen Tarot-Motive. Mit seinen Ursprüngen in Italien und etwas später in Südfrankreich ist das Tarot sogar eine der ganz wenigen esoterischen Disziplinen, deren Ursprung eben nicht im Osten, sondern im Westen liegt.

Experimental Tarot *Samvado G. Kossatz, 1995. 78 Karten, 70 x 102 mm.*
Ein aktuelles Tarot-Deck, das der Hamburger Mediengestalter Samvado G. Kossatz ohne Pinsel und Stift komplett am Computerbildschirm geschaffen hat. Entstanden sind die Bilder aus persönlichen Meditationen und Tarot-Studien, und eben dafür – Tarot-Studien und persönliche Meditationen – sind diese Karten sehr empfehlenswert. Sie gelten als ungewöhnlich anregend für kreative Prozesse. (Abb. v.l.n.r.: 21-Aeon, 1-Creator, 17-Star.)

7 THE CHARIOT

11 JUSTICE

18 THE MOON

As der Steine im Westen

4
Irdische Macht
Vier der Steine

CHIEF SEATTLE
Sohn der Steine im Westen
Prinz der Scheiben

Quatre des Bâtons Quattro di Bastoni
Four of Rods
Vier-Stäbe Cuatro de Bastos

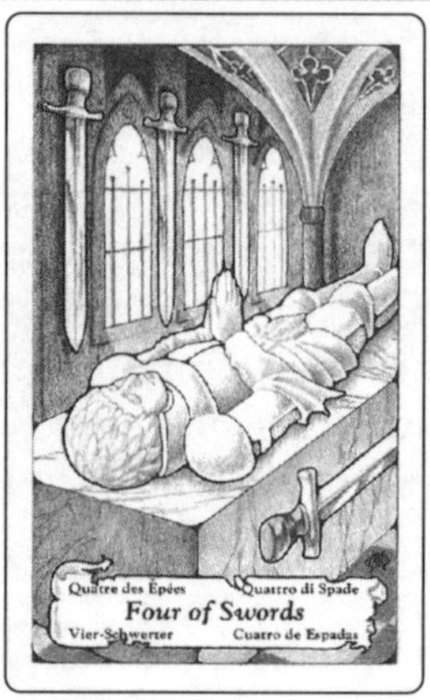
Quatre des Épées Quattro di Spade
Four of Swords
Vier-Schwerter Cuatro de Espadas

Reine des Bâtons Regina di Bastoni
Queen of Rods
Stäbe-Königin Reina de Bastos

Golden Dawn-Tarot *Robert Wang/Israel Regardie, 1977. 78 Karten, 79 x 129 mm.*
Der Golden Dawn-Orden (um 1900) steht für eine späte und hohe Entwicklungsstufe der klassischen Esoterik. Er besitzt eine unvergängliche Bedeutung für die Tarot-Geschichte. Von Ordensmitgliedern wurden mehrere bedeutende Tarot-Decks entwickelt. So von Aleister Crowley und Lady Frieda Harris, von A.E. Waite und Pamela Colman Smith, von Paul Foster Case und anderen. – Die hier vorgelegten Karten sind keine Originale aus dem Orden, sondern spätere Nachschöpfungen von Robert Wang und Israel Regardie.

Haindl-Tarot *Hermann Haindl, 1988. 78 Karten, 70 x 128 mm.*
Der frühere Bühnenbildner an den Frankfurter Städtischen Bühnen Hermann Haindl hat in diesen Karten vielfältige Symbolwelten verschmolzen. Die Münzen heißen hier Steine. I-Ging-Zeichen sind auf den Karten angegeben. Die Untertitel erinnern an die CROWLEY-Karten, manche Bildmotive auch an das MARGARETE PETERSEN-TAROT. Parsival, Odin und die Venus von Willendorf treten uns hier überraschend entgegen, ebenso Nut, Isis und Osiris, ferner Spider Woman, White Buffalo Woman und schließlich Kali, Brama und Krishna. Dieses Tarot-Deck bietet eine Fülle der verarbeiteten Motive und kunsthandwerkliche Stärke.

Hanson-Roberts-Tarot *Mary Hanson-Roberts, 1985. 78 Karten, 61 x 100 mm.*
Eine beliebte Tarot-Sorte mit Illustrationen im Stile eines Märchenbuchs. Die Bilder aus dem Waite-Tarot dienten offenkundig als Vorlage. Sie werden von Mary Hanson-Roberts zum Teil neugedeutet, zum andern Teil übernommen und auf eigene Art gezeichnet. Das »Lexikon des Tarot« empfiehlt dieses Spiel in Kinderhände. In vielen Jahren der Begegnung mit Tausenden von Tarot-Freunden haben die Autoren dieses Spiel allerdings noch nie in Kinderhänden angetroffen, dafür um so häufiger in Erwachsenenhänden, die glücklich waren, mit diesen Karten noch einmal in eine Märchenwelt eintauchen zu können.

I
DER MAGIER
Gandalf beherrscht die Stoffe und Kräfte des Universums.

AS DER KELCHE
Galadriels Spiegel zeigt viele Dinge, doch nur wer sie versteht, wird weise.

KÖNIGIN DER MÜNZEN
Lúthiens Tränen bewogen die Götter, Beren das Leben wiederzugeben, Lúthiens sterblichem Geliebten.

IV
L'Empereur

VIII
Kraft

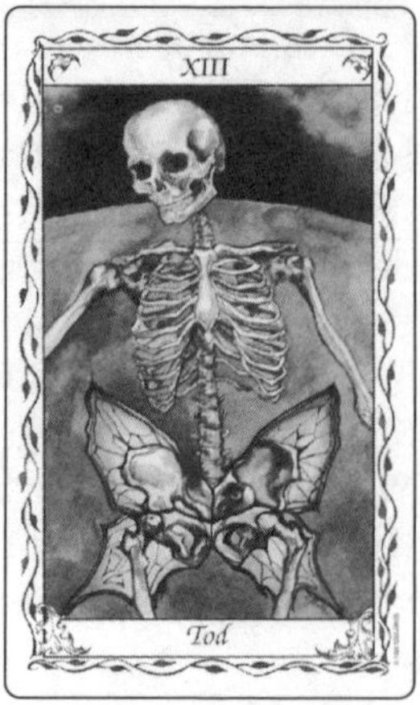
XIII
Tod

THE FOOL

XIIII
TEMPERANCE

VI
THE LOVERS

Herr der Ringe-Tarot *Peter Pracownik/Terry Donaldson, 1997. 78 Karten, 70 x 120 mm.*
»Dreizehn Jahre schrieb J.R.R. Tolkien an *Der Herr der Ringe*. Er hat damit ein weites Feld mythischer Symbolik erschlossen, das man nicht mehr verlassen möchte, wenn man es einmal betreten hat. In diesem Spiel (...) begegnet man sowohl der Tradition des Tarot als auch der Welt von *Der Herr der Ringe*. Man kann dieses Tarot auch als Kartenspiel benutzen – für zwei bis sechs Mitspieler ab 10 Jahren und natürlich für Erwachsene. Eine ausführliche Anleitung liegt bei« (aus: Soul – Magazin für Lebensfreude). Schöpfer der Karten: der Fantasy-Maler Peter Pracownik und der Londoner Tarot-Lehrer Terry Donaldson.

Hudes-Tarot *Susan Hudes, 1995. 78 Karten, 70 x 120 mm.*
Das Hudes-Tarot verbindet bewährte Symbolik mit ansprechender Ästhetik und zählt zu den bevorzugten Tarot-Sorten. Die Bildmotive richten sich im wesentlichen nach dem Waite-Tarot, sind von der Künstlerin jedoch weiter bearbeitet und oft frei gestaltet worden. Der Stil erinnert ein wenig an das ebenfalls märchenhafte Hanson-Roberts-Tarot, besitzt jedoch herausragende eigene Qualitäten in der Gestaltung.

Tarot 1JJ *Johann Georg Rauch, ca. 1831/1838, Nachdruck 1965. 78 Karten, 61 x 111 mm.*
Wichtiges Deck aus der Geschichte der Tarot-Kartenproduktion: Der Name 1JJ entstand beim Nachdruck des Originals im Jahre 1965. Die beiden J's weisen auf die Bezeichnungen *Junon* und *Jupiter* hin, mit denen in diesem Deck die Karten Hohepriesterin und Hohepriester bezeichnet werden. Die »1« stellt einen Hinweis darauf dar, daß dies für den Schweizer Kartendrucker Müller das erste einer Reihe von Tarot-Spielen war. Mit seinem Erfolg legte dieses Tarot-Deck den Grundstein für weitere Tarot-Produktionen, durch die wiederum nach 1970 u.a. das Waite- und das Crowley-Tarot in allgemeinen Umlauf kamen.

PATH 31
ש
XX
SHIN - 300
ARCANA
PLUTON
EL JUICIO
JUDGMENT / LE JUGEMENT

GUEBURAH'S
ה
74
HEH - 5
ARCANA
MERCURY IN TAURUS
5 DE OROS
5 OF PENTACLES / 5 DENIERS

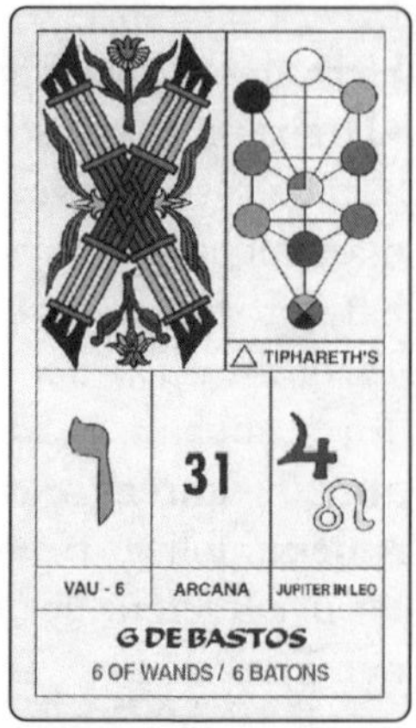
TIPHARETH'S
ו
31
VAU - 6
ARCANA
JUPITER IN LEO
6 DE BASTOS
6 OF WANDS / 6 BATONS

18 THE MOON

SEVEN OF CUPS

0 THE FOOL

XVII
Le Stelle

IX
L'Eremita

XVIII
La Luna

Kabbalistisches Tarot *Verschiedene Ausgaben.*
1856 wurden die beiden verschiedenartigen Systeme Tarot und Kabbala erstmals miteinander in Verbindung gesetzt (durch E. Lévi). Die Tarot-Karten waren zu der Zeit bereits 400 Jahre alt, die Kabbala noch Jahrhunderte älter. Die Verknüpfung von Tarot und Kabbala ist nicht mit der Zeit gewachsen, sondern ein Teil der esoterischen Theoriebildung des 19. Jahrhunderts. Dabei wetteifern diverse Auslegungsarten um die ‚korrekte' Verbindung von Tarot und Kabbala. Verschiedene Autoren haben ihre Version in Kartenform festgehalten, u.a. Rufus Camphausen oder Frédéric Lionel. Abb.: TAROT DER KABBALA von J.A. Potela, Spanien 1986.

Karma Tarot *Birgit Boline Erfurt, 1983. 78 Karten, 88 x 137 mm.*
Das Karma Tarot entstand zwischen 1976 und 1978 in Christiania, der seinerzeit selbstverwalteten »freien Stadt« mitten in Kopenhagen. Die Tarot-Tradition und die bunte, kreative Alternativkultur aus diesen Tagen mischen sich in den Bildern des Karma Tarot, deren Originalität und Faszination bis heute viel Kraft ausstrahlen.

Lombardisches Tarot *F. Gumppenberg, ca. 1810, Nachdruck 1995. 78 Karten, 60 x 115 mm.*
Dieser Kartensatz (auch unter dem Titel ANTIKES LOMBARDISCHES TAROT bekannt) entstand um 1810 bei dem zu seiner Zeit berühmten Mailänder Drucker Ferdinando Gumppenberg. Er spricht heute nicht nur Tarot-Sammler und Interessenten der Volkskunde, der Kultur- und der Alltagsgeschichte an. Das LOMBARDISCHE TAROT und andere historische Decks wie das PIEMONTESER TAROT oder das ALTE ITALIENISCHE TAROT stellen wichtige Brückenglieder in der Entwicklung der Tarot-Symbolik dar.

THE FOOL
LE FOU
0
DER NARR
EL LOCO
IL MATTO

PENTACLES
DENIERS
8
MÜNZEN
OROS
DENARI

THE STARS
LES ETOILES
XVII
DER STERN
LA ESTRELLA
LE STELLE

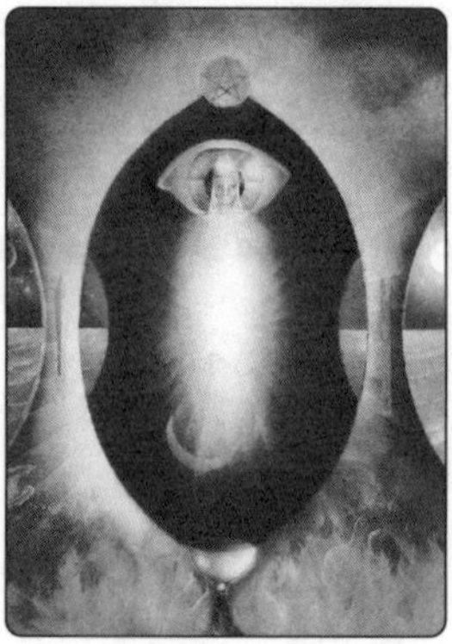

VI
L' AMOUREUX

VII
LE CHARIOT

VIII
LA JUSTICE

Kristall Tarot *Elisabetta Trevisan, 1986. 78 Karten, 60 x 115 mm.*
Ein Erfolgs-Tarot aus dem Hause Lo Scarabeo, dem zeitgenössischen Fachverlag für Tarot-Karten und Tarot-Kunst in Italien. »I Tarocchi di Vetro« – das Glas-Tarot – lautet der italienische Originaltitel. Elisabetta Trevisan hat die Vorlagen hinter Glas gemalt und dabei erstaunliche Bilder geschaffen, die filigrane Details, starke Szenen und Figuren beinhalten und zugleich oft die Gestalt und die Kraft eines Mandalas besitzen.

Margarete Petersen-Tarot *M. Petersen, seit 1979. Bisher ca. 40 Karten, 105 x 136 mm.*
Wie nur wenige andere Künstlerinnen hat Margarete Petersen die Entwicklung der Tarot-Landschaft im deutschsprachigen Raum beeinflußt und Wege der feministischen Frauenbewegung begleitet. Deutschlands bekannteste Tarot-Schöpferin *malt und lebt* ihre Tarot-Karten! Seit 1979 läuft der Prozeß: »Es ist ein Weg, den ich nicht geplant habe, sondern es ist geschehen oder besser gewachsen«, notiert die Künstlerin. Die eindrucksvollen Bilder liegen bisher als Postkarten vor. (*Abb. v.l.n.r.:* XVII - Der Stern, II - Die Hohepriesterin, XIII - Tod.)

Marseille, Tarot de *Verschiedene Varianten und Kartengrößen.*
Um 1500, wenige Jahrzehnte nach den ersten italienischen Tarot-Karten entstand in Südfrankreich das »Marseiller Tarot«. Es existiert in unzähligen, nahezu identischen Varianten, deren Unterschiede vor allem die Spielkartenforschung interessieren. Für Meditationen, Bildvergleiche und Tarot-Studien sollte auch in jeder privaten Tarot-Sammlung zumindest eine Ausgabe des Tarot de Marseille vorhanden sein. Die heutige Verbreitung und Anwendung des Tarot ist zwar ein Kind des späten 20. Jahrhunderts. Dennoch ist es nicht unerheblich, die Vorgeschichte zu kennen, die mit dem Tarot de Marseille untrennbar verbunden ist.

VII — DER WAGEN

II

KÖNIGIN DER STÄBE

DIE MASSIGKEIT
XIIII
TEMPERANCE
LA TEMPERANCE

DIE PRÜFUNG
XII
THE HANGED MAN
LE PENDU

DER TOD
XIII
DEATH
LA MORT

Morgan-Greer-Tarot *Bill F. Greer/Lloyd Morgan, 1979. 78 Karten, 70 x 120 mm.*
Auf den ersten Blick eine farbenprächtige Cover-Version des WAITE-TAROT. Auf den zweiten Blick Bildelemente, die nicht dem WAITE-TAROT, sondern dem BOTA-TAROT entspringen. Im dritten Eindruck zeigt sich, daß zwar bekannte Bilder aus dem WAITE-TAROT als Vorlage dienten. Viele Bilder des Morgan-Greer-Tarot erweisen sich aber gleichsam als Ausschnittsvergrößerungen des WAITE-TAROT. Obwohl schon nicht mehr ein direktes Produkt der Hippie-Zeiten, so strahlen die Karten durch ihre Farbigkeit ein buntes Lebensgefühl aus, das unbelastet von Trends und Modeerscheinungen bis heute eine enorme Popularität besitzt.

Motherpeace Tarot *Karen Vogel/Vicki Noble, 1981. 78 runde Karten, zwei Größen.*
Dieses Deck und das DAUGHTERS OF THE MOON-TAROT – beide mit kreisrunden Karten und beide in der Frauenbewegung Kaliforniens daheim – haben Maßstäbe für eine feministisch orientierte Spiritualität gesetzt! Männliche Figuren sind beim Motherpeace-Tarot allerdings kein Tabu. Die Hofkarten heißen Schamanin, Priesterin, Sohn und Tochter. Zum archaisch-einfachen Stil der Zeichungen ist oft die Frage gestellt worden, ob dies »Kunst« sei. Doch das geht an der Wirkung dieser Karten vorbei. »Jene Raffinesse des Einfachen, die sowohl an Höhlenzeichnungen wie an der Graffiti-Kunst zu bewundern ist, sie finden wir auch hier« (E. Graf).

Neuzeit Tarot *Walter Wegmüller, 1982. 78 Karten, 70 x 110 mm.*
Als der beispiellose Tarot-Boom in den 1970er Jahren seinen Anfang nahm, gehörte Walter Wegmüller in Europa zu den Künstlern der ersten Stunde (so, wie David Palladini und andere in den USA). Nach seinem ZIGEUNER TAROT (1975, zusammen mit Sergius Golowin) schuf er dieses Tarot, das – ähnlich wie das KARMA TAROT – zeitgenössische Bildinhalte wie Telefone oder Weinflaschen verwendet.

EXISTENZ

VERTRAUEN

10
WIR SIND DIE WELT

II
la Papesse

XVII
les Etoiles

VIIII
l'Ermite

CHALICES
COUPES
2
KELCHE
COPPE

THE DEVIL
LE DIABLE
XV
DER TEUFEL
IL DIAVOLO

THE STARS
LES ETOILES
XVII
DER STERN
LE STELLE

Osho Zen Tarot *Ma Deva Padma (Susan Morgan), 1994. 79 Karten, 74 x 109 mm.*
Hervorragende Bildideen: Der Ritter der Kelche zum Beispiel wird dargestellt als ein »Bungee-Springer ohne Seil« (s. Abb. »Vertrauen«). Die Karte zeigt einen Menschen im freien Fall, der gewollt und bewußt gestaltet wird: Ein freies Fliegen. Das trifft nicht alle traditionellen Bedeutungen des Kelch-Ritters, jedoch die wesentlichen! Allerdings werden unkritisch einige Untertitel aus dem Crowley-Tarot übernommen (z. B. *Unterdrückung* bei den Zehn Stäben). Die Münzen oder Pentakel heißen hier Regenbogen. Dieses Spiel ist auf dem Weg zum modernen Tarot-Klassiker.

Oswald Wirth-Tarot *Oswald Wirth, 1889, 1927, Nachdruck 1966. 78 Karten, 71 x 132 mm.*
1889 gestaltete Oswald Wirth die 22 Großen Arkana in schwarzweißen Bildern. Nach Konzepten von Stanislas de Guaïta variierte er dabei das Tarot de Marseille, ließ die berühmten Zeichnungen »Der Wagen« und »Der Teufel« von Eliphas Lévi (1856) einfließen. 1927 erfolgte eine Neuausgabe mit Kolorierung und goldfarbenem Bildhintergrund. Der Nachdruck von 1966 fügte 56 Kleine Arkana im Marseiller Stil hinzu und versah das nun komplette Deck mit recht kräftigen Farben. Das Wirth-Tarot gilt als das erste esoterisch konzipierte Tarot. Zu erwähnen ist dabei jedoch auch Papus, der 1888 eigene Tarot-Designs veröffentlichte.

Renaissance Tarot *Verschiedene Ausgaben.*
Die italienische Renaissance ist die Quelle des Tarot. In Mailand und Bologna entstanden zwischen 1430 und 1460 die ersten Tarot-Karten (s. VISCONTI TAROT). In der Literatur werden mitunter diese ersten Tarot-Karten als *Renaissance Tarot* bezeichnet. Zum anderen gibt es eine Reihe heutiger Tarot-Ausgaben, die den Stil alter Renaissance-Karten nachahmen. Und schließlich werden weitere Tarot-Sorten angeboten, die in den letzten Jahren entstanden sind und Renaissance-Motive aus der Sicht heutiger Künstler darstellen. Die Abbildungen stammen aus dem RENAISSANCE TAROT von Giorgio Trevisan (1995), das der letzteren Gruppe zugehört.

II The High Priestess

XVII The Star

XII The Hanged Man

20 Le Jugement
Les Créatures d'Eau
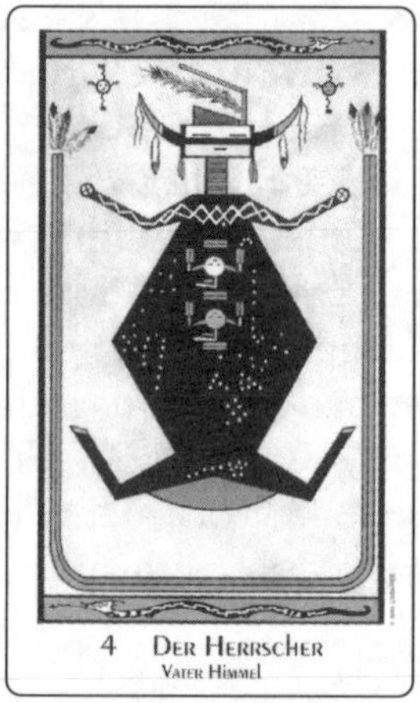
4 Der Herrscher
Vater Himmel
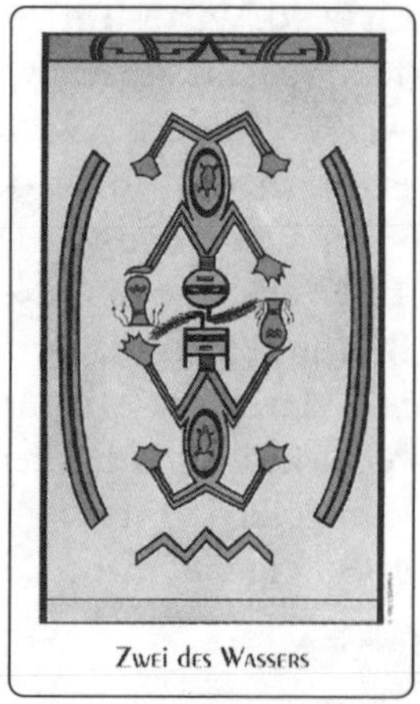
Zwei des Wassers

XV
The Devil
Der Teufel

VII
The Chariot
Der Wagen

Queen of Coins
Königin der Münzen

Sacred Rose Tarot *Johanna Gargulio-Sherman, um 1980. 78 Karten, 70 x 120 mm.*
Ein kraftvolles, beliebtes und eigenständiges Tarot-Deck. In den 1980er Jahren im deutschsprachigen Gebiet sehr verbreitet, geriet es vorübergehend in Vergessenheit, um heute wieder weitere Kreise zu ziehen. Ein spannendes und schönes, mitunter melancholisches Tarot-Universum wird hier geboten!

Santa Fe Tarot *Holly Huber/Tracy LeCocq, 1994. 78 Karten, 70 x 120 mm.*
Eine Variante des »ETHNO-TAROT«, die unter Fans auch als das »Tarot der Wolfsfrau« gilt. Die Karten spiegeln die Mythen, Sagen und Legenden der Navajo-Kultur und der Santa Fe-Region. Die vier Farbreihen heißen Blitze (alias Schwerter), Regenbogen (alias Stäbe), Wasser (alias Kelche) und Büffel (alias Münzen/Pentakel). Ein sehr *trendiges* Tarot!

Settanni Tarot *Pino Settanni, 1995. 78 Karten, 95 x 140 mm.*
Die Settanni-Karten gehören in die Gruppe des sogenannten Foto-Tarot. Mit fotografischen Mitteln werden Szenen gestellt und abgelichtet, die Tarot-Stationen wiedergeben (s. auch VISION TAROT). Eines der ersten dieser Art war das MOUNTAIN DREAM TAROT (1975), das unter Kennern auch heute hochgeschätzt ist. Dabei dürfte unstrittig sein, daß das SETTANNI TAROT zu den in vieler Hinsicht bemerkenswertesten und stilistisch hochinteressanten Varianten des Foto-Tarot zählt.

WANDS
BATONS
7
STÄBE
BASTOS
MAZZE

SWORDS
EPEES
3
SCHWERTER
ESPADAS
SPADE

SWORDS
EPEES
6
SCHWERTER
ESPADAS
SPADE

VIIII
DER EREMIT

II
DIE HOHEPRIESTERIN

VIIII

III
L'IMPERATRIS

V
BACUS

XVI
LA·FOUDRE

Sola Busca Tarot *15. Jhd., Neuausgabe 1995. 78 Karten, 60 x 115 mm.*
Eines der wichtigsten historischen Tarot-Decks liegt glücklicherweise in einer erschwinglichen Neuauflage vor. Das Sola Busca-Tarot ist aus zwei Gründen berühmt: Es war, soweit bekannt, das einzige Tarot des 15. Jahrhunderts, das in Metall graviert wurde. Zum zweiten sind die Karten von besonderer Wichtigkeit, weil sie bei den kleinen Arkana (!) fast durchgängig Bildszenen zeigen. Für Pamela Colman Smith und Arthur E. Waite waren sie eines der wenigen historischen Vorbilder für die Bebilderung der kleinen Arkana! Ihr Einfluß ist im WAITE-TAROT erkennbar.

Tarot der Hexen *Fergus Hall, 1973. 78 Karten, 70 x 110 mm.*
Ein kurioses Stück Tarot-Geschichte: Hergestellt wurden diese Karten für den James Bond-Film »Leben und sterben lassen«. Darin tritt eine Außerirdische auf, und jedesmal muß im Film jemand sterben, wenn diese Dame irgendwo die Todeskarte plaziert. Vielleicht war es dieser abergläubische Unsinn, vielleicht war es der Name James Bond: Als diese Karten unter dem Namen 007 James Bond-Tarot angeboten wurden, fanden sie so gut wie keine Käufer. Nach einigen Jahren wurden dieselben Karten in eine neue Box gesteckt und mit dem Namen *Tarot der Hexen* versehen. Seitdem verkaufen sie sich.

Vandenborre Bacchus-Tarot *Um 1780, Neuausgabe 1974. 78 Karten, 70 x 120 mm.*
Im 18. Jahrhundert beim Brüsseler Kartenmacher Vandenborre erschienen, gehört dieses Deck zur Gruppe des traditionellen Flämischen Tarot, bei dem eigene Namen für die Trümpfe II und V Verwendung finden. Der *Hauptmann Fracasse* aus der italienischen Commedia dell'Arte sowie der römische Weingott *Bacchus* erscheinen auf den Großen Karten II und V. Originelle Bildmotive, so die Darstellung der Karten *Stern*, *Sonne* und *Welt,* und einige amüsante Details machen diese Ausgabe zu einem Tarot-Spiel für Neugierige, Tarot-Experten und Spielkarten-Sammler.

MAJOR ARCANA

THE ENCHANTED TAROT

MAJOR ARCANA

14
XIIII
TEMPERANCE
Temperance

Königin
Reine
Coupes
Kelche

As
I
Epées
Schwerter

Verzaubertes Tarot *Amy Zerner, 1990. 78 Karten, 77 x 130 mm.*
Der Originaltitel lautet *The Enchanted Tarot* – das Zauber-Tarot oder das Bezaubernde Tarot. Inzwischen sind die Karten einfach auch als ZERNER-TAROT bekannt. Die Künstlerin hat die 78 Karten in Form von Wandteppichen gestaltet (ähnliche Technik, aber anderer Stil: das BILDTEPPICH TAROT, 1994, von Yvonne G. Jensen). Amy Zerner kombiniert traditionelle und aktuelle Symbole in ästhetischen und inhaltsreichen Bildern.

Visconti Tarot *Um 1432. 78 Karten, verschiedene Ausgaben.*
Zwischen 1430 und 1460 entstanden in Oberitalien, namentlich in Mailand und Bologna, die ersten Tarot-Karten. Sie wurden im Auftrag kunstbeflissener Patrizier (Visconti) hergestellt. Es gibt nicht mehr als rund ein Dutzend dieser ursprünglichen Tarocchi, denen erst Jahrzehnte später die ersten Karten des Marseiller Tarot folgten. Während die Originalkarten in Museen lagern, sind verschiedene Nachdrucke im Spielkartenformat aufgelegt worden. Die Abbildungen stammen aus der sehr schönen, mit Goldfolie bedruckten Version, die unter dem Namen »Visconti Tarot« im Handel erhältlich ist.

Vision Tarot *Tim Thompson, 1995. 78 Karten, 70 x 120 mm.*
Das Vision-Tarot gehört in die Gruppe des Foto-Tarot (s. SETTANNI-TAROT). Die Karten stellen fotografische Bilder dar. Figuren, Bildmotive und Hintergrund werden kunstvoll arrangiert, fotografiert und in Kartenform gebracht. Würdevoll und witzig, feierlich, aber nicht theatralisch kommen diese 78 ‚Visionen' daher. Die Foto-Szenen erinnern an Ritterfeste, aber auch an manche Bilder aus der Pop-Kultur, und so erfreuen sich die Karten eines großen Zuspruchs, nicht zuletzt bei der jüngeren Generation.

Reinheit
Zwei der Stäbe

Ekstase
As der Kelche

Gelassenheit
Zwei der Kristalle

XVII
DER STERN

XXI
DIE WELT

VII
DER WAGEN

LAMBDA
L'APPESO
THE HANGED MAN
LE PENDU
XII
DER GEHÄNGTE
EL COLGADO

FÈYAR
LE STELLE
THE STARS
LES ETOILES
XVII
DER STERN
LAS ESTRELLAS

ESIR
IL MONDO
THE WORLD
LE MONDE
XXI
DIE WELT
EL MUNDO

Voyager Tarot *Jim Wanless/Ken Knutson. 1985. 78 Karten, 95 x 140 mm.*

Eines der großen Tarot-Spiele der Welt. Sein Stil ist unvergleichlich. Jede Karte besteht aus unzähligen Bildern, Fotos und Grafiken, die zu einer wirkungsvollen Collage montiert sind – ein Feuerwerk fürs Auge. Wie ein farbenprächtiges Kaleidoskop vermitteln diese Karten sinnliche Sensationen und eine bemerkenswerte Beruhigung und Befriedigung. Manche fühlen sich an die Pracht und die optische Sättigung der ersten farbigen Hitchcock-Filme erinnert. Andere vergleichen diese Karten mit psychedelischen Trips und Filmen der Hippie-Zeit. Und in diesem Tarot steckt noch mehr.

Waite-Tarot *Arthur E. Waite/Pamela Colman Smith, 1909. 78 Karten, div. Größen.*

Das Waite-, Rider- oder Rider-Waite-Tarot entstand aus der Tradition der okkulten, klassischen Esoterik und zugleich hob es die zuvor üblichen Darstellungsformen auf. Pamela Colman Smith und A.E. Waite haben zum ersten Mal in der Tarot-Geschichte Bildszenen für *alle* kleinen Arkana geschaffen. 56 der 78 Karten bekamen erstmals ein Gesicht! Seitdem spielen nicht nur Überlegungen und Vorstellungen in der Kartenbetrachtung eine Rolle. Hinzu gekommen ist die eigene sinnliche Anschauung, die einen *erfahrbaren* und persönlich überprüfbaren Anhaltspunkt in die Interpretation der Karten einführt.

Zwergen Tarot *Antonio Lupatelli, 1987. 78 Karten, 60 x 115 mm – auch als*
Kleinstes Tarot der Welt *Antonio Lupatelli, 1987. 22 Miniaturkarten, 14 x 22 mm.*

Ein originelles und humorvolles Tarot, das große und kleine Tarot-Freunde anspricht. Liebevolle Zeichnungen zeigen die Welt der Wichtel, Gnome und Zwerge. Es gibt diese Karten in der Größe üblicher Spielkarten, aber auch im »Original-Zwergenformat« als kleinstes Tarot der Welt. Man hat seinen Spaß daran, unabhängig davon, ob man an Tarot oder einfach an diesen Karten als einem beweglichen Bilderbuch interessiert ist. Für Tarot-Kenner eröffnen sich zusätzlich lustvolle Interpretationsideen.

Anmerkungen

S. 20: Legemuster: Weiterführende Quellen- und Literaturhinweise, in: E. Bürger/J. Fiebig: Tarot-Praxis. Mit 122 Legemustern. Königsförde 1995
S. 28: Auslage »Tarot-Magie«: Diese geht zurück auf: Mario Montano: Poker mit dem Unbewußten. Praxis des intuitiven Tarot. Freiburg 1990, S. 266.
S. 28: Auslage »Kirchhofspiel«: Diese basiert auf: Bill Butler: Dictionary of the Tarot. New York 1975, S. 206.
S. 37: Joseph von Eichendorff: zit. nach Kalenderblatt.
S. 41: Zen-Spruch: Verschiedene Fundstellen. – **D. Diederichs:** Traumländer (Ausstellungskatalog). Hamburg 1993, S. 7.
S. 42: Auflösung zur Kreisauslage: Siehe die 22 Großen Karten als Kreis vor Dir; zähle die Schritte ab, die erforderlich sind, um von der Karte für die bestehende Situation zu der Karte für die gewünschte Situation zu gelangen. Angenommen, für Deine bestehende Situation stehe die Karte XX-Gericht und Deine Wunsch- oder Ziel-Karte sei I-Der Magier: Dann sind es *drei Schritte*, um von der Karte XX-*Gericht* zur Karte I-*Der Magier* zu gelangen. Entsprechend zu den *drei Schritten* ist nun die große Karte mit der Nummer 3, also III-Die Herrscherin, die gesuchte und gefundene Karte für Deinen Weg zum gewünschten Ziel.
S. 43: Bezeichnung der Karte VIII: Zunächst waren die Tarot-Karten weder numeriert noch betitelt. Als dann die Karten numeriert wurden, gab es lange Zeit zahlreiche unterschiedliche Reihenfolgen. Und erst viel später (ab dem 18. Jahrhundert) bürgerte sich ein gewisser Standard ein. Danach war auf dem Platz VIII innerhalb der Großen Arkanen die Karte GERECHTIGKEIT und auf Platz XI die Karte KRAFT (oder STÄRKE) zu finden.

Kurz vor 1900 hat dann der Golden Dawn-Orden die Karten VIII und XI getauscht; das Tarot von A.E. Waite und P.C. Smith hat diese Umkehrung übernommen und verbreitet. Seitdem sind so viele Tarot-Decks mit dieser neuen Numerierung in Umlauf gekommen, daß man nicht mehr ausmachen kann, welche Zuordnung zu den Plätzen VIII und XI heute in der Tarot-Welt insgesamt häufiger anzutreffen ist.

Manche Autoren haben sich in dieser Frage ereifert. Wir sehen hier allerdings keinen Grund zu großer Aufregung. Die ersten Tarot-Karten trugen ohnehin keine Ziffern, und somit ist, vom Ursprung betrachtet, ein Streit über die richtige Reihenfolge der Großen Arkana müßig. Auch inhaltlich liegen die verschiedenartigen Darstellungen der Stationen VIII und XI *nicht* soweit auseinander, wie es auf den ersten Blick erscheint. Wir haben an anderer Stelle bereits ausführlich darauf hingewiesen, wie viele Gemeinsamkeiten zwischen der VIII aus dem Waite-Tarot und der VIII aus dem Crowley-Tarot bestehen, ebenso verhält es sich mit den Waite- und Crowley-Karten mit der Nummer XI (vgl. z. B. E. Bürger/J. Fiebig: Tarot – Wege des Glücks. Die Bildersprache des Waite-Tarot. Königsförde 1993 ff., S. 72 f.)

Die inhaltlichen Gemeinsamkeiten sind diese: Die Karte VIII zeigt die Formung und Formulierung eines eigenen Willens und ist Teil der Abfolge der Großen Karten VII, VIII, IX, die gemeinsam von der Herausbildung des Ich und der Individuation handeln. Wie auch immer der Name der Karte »VIII« lautet, diese Station handelt von der Aufhebung, der Integration verschiedener Gegensätze und dient der Herausbildung eigener Ich-Stärke, die man sich eben wahlweise als Körperkraft (»Kraft«) oder als Geistes- und Urteilskraft (»Gerechtigkeit«) vorstellen kann.

Im Unterschied dazu handelt die Station XI, wiederum unabhängig von ihrer Bezeichnung, von der Aneignung und Aufhebung der *Libido*. Bei der Karte XI geht es bereits um den Umgang mit dem größeren Schicksal, mit dem, was jenseits der Reichweite des eigenen Ich liegt. Die elementaren Lebenskräfte (Libido) innerhalb und außerhalb der eigenen Person sollen hier Gerechtigkeit erfahren, richtig bewertet und ausgerichtet werden. Darum geht es, gleichgültig, ob diese im Einzelfall Kraft, Lust oder Gerechtigkeit heißt.

Kurz, es kann unabhängig vom jeweiligen Bild und von der jeweiligen Bezeichnung gelten: VIII – Willenskraft, Ich-Stärke; XI – Libido, Liebe.

S. 43: Gotthold Ephraim Lessing: zit. nach Kalenderblatt.

S. 43: Gerd Ziegler (Bodhigyan): Tarot – Spiegel der Seele. Sauerlach 1985, S. 40.

S. 44: Bertolt Brecht: Heiterkeit der Kunst, in: Gesammelte Werke. Frankfurt a. M. 1967, Bd. 15, S.121.

S. 46: Bezeichnung der Karte XI: vgl. Anmerkung zu S. 43.

S. 52: Hermann Hesse: zit. nach Marilyn Ferguson.

S. 53: Augustinus: Confessiones, verschiedene Ausgaben.

S. 62: Hermann Hesse: Stufen, verschiedene Ausgaben.

S. 62: Susanne Peymann: Der Crowley-Tarot. 78 Wege des Wissens. München 1997, S. 228 f.

S. 65: Moshé Feldenkrais: Die Entdeckung des Selbstverständlichen. Frankfurt a. M. 1985.

S. 67: Friedrich Schiller: Briefe über die ästhetische Erziehung des Menschen. Verschiedene Ausgaben.

S. 69: Auflösung zu ›Liste mit den (sieben) wichtigsten Wünschen oder

Aufgaben‹: Wenn die Liste fertig ist, streiche jedes der (sieben) Anliegen auf dem Zettel einzeln durch, und schreibe einen einzigen Satz darüber oder darunter, in dem all diese Wünsche aufgehoben sind. Das soll nicht mehr als eine Minute dauern. Dann bewege Dich.

S. 75: Italo Calvino: Der Baron auf den Bäumen. München – Wien 1984, S. 194.

S. 75: »In den alten Zeiten, wo das Wünschen noch geholfen hat ...«: Der erste Satz des an erster Stelle abgedruckten Märchens in der Sammlung der Brüder Grimm (Ausgabe letzter Hand), das ist *Der Froschkönig oder der eiserne Heinrich*.

S. 84: J.W.v. Goethe: Vermächtnis, zit.n. Wilhelm Scholz (Hg.), Das Deutsche Gedicht, Stuttgart 1954.

S. 100: Kajo Nelles: James. Leben, Werk und Visionen des Tänzers James Saunders. Königsförde 1999. Zitat aus Pressetext dazu.

S. 102: »Triffst du Buddha ...«: Verschiedene Quellen, z. B. Sheldon B. Kopp: Triffst du Buddha unterwegs ... Psychotherapie und Selbsterfahrung. Frankfurt a. M. 1978, S. 194.

S. 102: »Das Verschwinden des Schattens ...«: Barbara Frischmuth: Das Verschwinden des Schattens in der Sonne. Roman. Salzburg 1980.

S. 104: »Tue erst das Notwendige ...«: zit. nach Kalenderblatt.

S. 105: Epikur: zit. nach N.N.: Sokrates für Manager, Rastatt 1984.

S. 106: Edith Vahrenhorst: Vieles war nicht nötig, in: Brigitte Heidebrecht (Hg.): Laufern lernen. Bonn 1985, S. 65.

S. 117: J.W.v. Goethe: Faust. Der Tragödie zweiter Teil. Verse 11574 bis 11584.

S. 117: »Du folgst Deinem Stern ...«: aus E. Bürger/J. Fiebig: Tarot – Spiegel Deiner Möglichkeiten. 14. Aufl. Trier 1998, S. 109.

S. 125: Eckhard Graf: Lexikon des Tarot. Stuttgart 1991, S. 12.

S. 127: Eckhard Graf: a. a. O., S. 33.

S. 131: Klausbernd Vollmar: Handbuch der Traum-Symbole. 3., erw. Aufl. Königsförde 1996, S. 80.

S. 135: Soul – Magazin für Lebensfreude. München – Salzburg 8–9/98.

S. 139: Margarete Petersen: Das Margarete Petersen Tarot-Postkartenbuch. Königsförde 1998, Vorwort.

S. 141: Eckhard Graf: a. a. O., S. 99.

Literaturhinweise

Anraths, Renate: Tarot – Dem Leben in die Karten schauen. Berlin 1995 (Simon + Leutner)

Bürger, E./J. Fiebig: Tarot für Einsteiger/innen. 7. Aufl. Königsförde 1999 (Königsfurt)

Corello, Faye: Tarot – Schule der Emotionalen Intelligenz. Bern – München – Wien 1998 (Scherz/Integral)

Deutsches Spielkarten-Museum: Tarot – Tarock – Tarocchi. Tarocke mit italienischen Farben. Bearbeitet von Detlef Hoffmann und Margot Dietrich. Leinfelden-Echterdingen 1988 (Deutsches Spielkarten-Museum, Schönbuchstraße 32, Leinfelden-Echterdingen).

Fiebig, Johannes: Tarot – Andere Wege im Alltag. 3. Aufl. Trier 1998 (Verlag Kleine Schritte)

Graak, Karl: Künstler-Spielkarten des 20. Jahrhunderts. Köln 1985 (DuMont)

Graf, Eckhard: Lexikon des Tarot [Lexikon des Tarot sowie der Orakel- und Selbsterfahrungsspiele]. Stuttgart 1991(Naglschmid)

Hamaker-Zondag, Karen: Tarot als Lebensweise. Königsförde 1998 (Königsfurt)

Kaplan, Stuart R.: The Encyclopedia of Tarot. 3 Bde., New York 1978, 1986, 1990 (U.S. Games Systems)

Peymann, Susanne: Der Crowley-Tarot. 78 Wege des Wissens. München 1997 (Knaur)

Pollack, Rachel: The New Tarot. Wellingborogh 1989 (Aquarian Press)

Rodik, Belinda: Das Tarot-Lexikon. München 1998 (Droemer Knaur)

Rohr, Wulfing von: Tarot von A bis Z. Neuhausen 1999 (Urania)

Tegtmeier, Ralf: Tarot – Geschichte eines Schicksalspiels. Köln 1986 (DuMont)

Bildquellennachweis

Ägyptisches Tarot – Tarot of Transition: © U.S. Games Systems, Stamford, CT/USA / Carta Mundi, Turnhout/Belgien – Ägyptisches Tarot: © Fournier, Legutiano/Spanien – Altägyptisches Tarot: © Lo Scarabeo, Turin/Italien
Ahnenpfad Tarot © 1985. U.S. Games Systems
Albano-Waite-Tarot © 1987. U.S. Games Systems
Altes italienisches Tarot © 1996. Lo Scarabeo
Aquarian Tarot © 1970. U.S. Games Systems
Arcus Arcanum Tarot © 1986. AGM AG Müller, Neuhausen/Schweiz
Avalon Tarot © 1995. Verlag Neue Erde, Saarbrücken/Deutschland
Cosmic Tarot © 1988. F.X. Schmid, Prien/Deutschland
Crowley-Tarot © 1986. Ordo Templi Orientis, Austin, TX/USA / AGM AG Müller
Dali-Tarot © 1978. Distribucions d'art surrealista, Barcelona/Spanien
Daughters of the Moon Tarot. © 1984 ff. Ffiona Morgan et al.
Drachen Tarot © 1996. U.S. Games Systems
Einhorn Tarot © 1996. U.S. Games Systems
Experimental Tarot © 1990. AGM AG Müller
Golden Dawn-Tarot © 1977. U.S. Games Systems
Haindl-Tarot © 1988. Droemer Knaur
Hanson-Roberts-Tarot © 1985. U.S. Games Systems
Herr der Ringe-Tarot © 1997. U.S. Games Systems
Hudes-Tarot © 1996. U.S. Games Systems
Tarot 1JJ © 1965. AGM AG Müller
Tarot der Kabbala © 1986 Fournier.
Karma Tarot © 1983. U.S. Games Systems
Lombardisches Tarot © 1995 Lo Scarabeo
Kristall Tarot © 1986. Lo Scarabeo
Margarete Petersen-Tarot © 1979 ff. Margarete Petersen
Morgan-Greer-Tarot © 1979. U.S. Games Systems
Motherpeace Tarot © 1981. Karen Vogel/Vicki Noble
Neuzeit Tarot © 1982. AGM AG Müller
Osho Zen Tarot © 1994. AGM AG Müller
Oswald Wirth Tarot © 1966. U.S. Games Systems
Renaissance Tarot © 1995 Lo Scarabeo
Sacred Rose Tarot © U.S. Games Systems
Santa Fe Tarot © 1994. U.S. Games Systems
Settanni Tarot © 1995. AGM AG Müller

Sola Busca Tarot © 1996. Lo Scarabeo
Tarot der Hexen © 1982. U.S. Games Systems
Vandenborre Bacchus-Tarot © 1974. Carta Mundi
Verzaubertes Tarot © 1990. Amy Zerner / Verlag Kleine Schritte, Trier/Deutschland
Visconti Tarot © 1997. Lo Scarabeo
Vision Tarot © 1995. Tim Thompson
Voyager Tarot © 1985. Merrill West, Carmel, CA/USA
Waite, Tarot von A.E. Waite © 1993 Königsfurt Verlag, Königsförde/ Krummwisch, Deutschland
Zwergen Tarot/Kleinstes Tarot der Welt © 1987. Lo Scarabeo

Wir danken allen Verlagen für die freundliche Abdruckgenehmigung. Die Tarot-Karten sind urheberrechtlich geschützt. Weitere Reproduktionen sind nicht gestattet.

Weitere Titel aus dem Königsfurt Verlag

Evelin Bürger & Johannes Fiebig:
Tarot für Einsteiger/innen.
140 Seiten, Paperback, ISBN 3-927808-19-9.

Tarot – Wege des Glücks.
Die Bildersprache des Waite-Tarot – neu entschlüsselt.
240 Seiten, verschiedene Ausgaben.

Tarot – Wege der Wandlung.
Die Symbolsprache des Crowley-Tarot – neu entschlüsselt.
240 Seiten, Paperback, ISBN 3-927808-16-4.

Tarot-Praxis. Mit 122 Legemustern.
200 Seiten, fester Einband, ISBN 3-927808-35-0.

Das kleine Buch des Waite-Tarot. ISBN 3-927808-62-8.

Das kleine Buch des Crowley-Tarot. ISBN 3-927808-63-6.

Das kleine Buch der Tarot-Legemuster. ISBN 3-927808-64-4.

Klausbernd Vollmar & Johannes Fiebig:
Gelebte Träume sind die besten Träume.
Einführung in die Traumdeutung.
2. Aufl., 140 Seiten, Paperback, ISBN 3-927808-17-2.

Klausbernd Vollmar:
Handbuch der Traum-Symbole.
3., erweiterte Auflage. Verschiedene Ausgaben.

Ratgeber Traum.
Die häufigsten Traum-Symbole nach Themengebieten erklärt.
200 Seiten, fester Einband, ISBN 3-927808-76-8.

Das kleine Buch der Traum-Symbole.
ISBN 3-927808-61-X.

KÖNIGS FURT